JN046304

いにしえから続く花の女王の運命

バラの物語

いにしえから続く花の女王の運命

バラの物語

ピーター・E. クキエルスキー 著／チャールズ・フィリップス 共著

元木はるみ 監修／ダコスタ吉村花子 翻訳

Rosa: The Story of the Rose
Copyright © 2021 by Quarto Publishing plc.

Publisher: James Evans
Editorial Director: Isheeta Mustafi
Art Director: Katherine Radcliffe
Managing Editor: Jacqui Sayers
Commissioning Editor: Sorrel Wood
Development Editor: Abbie Sharman
Project Manager: Kate Duffy
Design: JC Lanaway

This Japanese edition was produced and published in Japan in 2022 by Graphic-sha Publishing Co., Ltd.
1-14-17 Kudankita, Chiyodaku,
Tokyo 102-0073, Japan

Japanese translation © 2022 Graphic-sha Publishing Co., Ltd.

Japanese edition creative staff
Editorial supervisor: Harumi Motoki
Translation:Hanako Da Costa Yoshimura
Text layout and cover design:Rumi Sugimoto
Editor:Yukiko Sasajima
Publishing coordinator:Ryoko Nanjo (Graphic-sha Publishing Co., Ltd.)

ISBN 978-4-7661-3559-6 C0076

Printed in Singapore

CONTENTS 目次

FOREWORD バラに寄せて

景観史専門美術史家
ジュディス・B.タンカード

　バラは何世紀にもわたり多くの人々の想像を刺激してきました。花屋の華やかなブーケから、科学の発展、育種家による新種の命名まで、あらゆるところにバラの姿があります。バラのない政治史や陰謀などずいぶん味気ないでしょうし、バラのない伝統的なイングリッシュガーデンなど想像できません。20世紀初頭のエドワード朝時代の庭園を描いた絵画には、必ずと言っていいほどたくさんのバラが描かれています。当時最高の挿絵画家の一人アルフレッド・パーソンズが1910年に、エセックス州のウォーリー・プレイス在住の園芸家エレン・ウィルモットの著書『バラ属（*The Genus Rosa*）』のために描いた絵は、かのマリー・アントワネットのたっぷりとしたバラにも匹敵する美しさです。園芸家兼作家のガートルード・ジーキルは著書の中で数々の明言を残し、数年にわたる経験に基づいた実用書『イングリッシュガーデンのためのバラ（*Roses for English Gardens*）』（1902年）で、イギリスとアメリカに熱心な読者を獲得しました。その数年後、高名なアメリカのベアトリクス・ファーランド（彼女は自らを「景観庭師（ランドスケープガーデナー）」と呼んでいました）は、ジーキルとバラに熱烈な敬意を抱き、「手入れができないなら、最初からバラを植えなければいい」と辛らつな言葉を口にしたとか。ニューポートにある彼女の祖母の広大な庭にはバラがところ狭しと咲いていて、子どもだったファーランドは祖母から手ほどきを受けたそうです。1915年にニューヨーク植物園のバラの大規模な展示を担当したときには（現在のペギー・ロックフェラー・ローズガーデン）、2000種以上のコレクションを有するフランスのロズレ・ド・ライ（現在のヴァル・ド・マルヌ・バラ園、通称ライ・レ・ローズ）を参考にデザインし、バラに関する豊富な実用的知識を大いに生かしました。

　そのほぼ1世紀後、私がピーター・クキエルスキー氏と会ったのも、このニューヨーク植物園です。ピーターはファーランドの手がけたバラ園に新たな変種を加えて、美しくよみがえらせました。ジーキルもファーランドも、このコレクションの充実ぶりには目をみはったはずです。ピーターが何年もかけて著した本書は読みやすくて美しく、新世代のバラ愛好家に豊かなインスピレーションを与えるものと、私は確信しています。

フランス、ヴァル・ド・マルヌ・バラ園はバラ専
門の植物園。この類のないバラ園には様々
なバラの変種が咲いており、建築材料や装
飾用の構造物を駆使した変化に富んだ見せ
方は広く知られている。

はじめに：*バラの物語*
PREFACE:
STORIES OF ROSES

「庭に来ませんか？
　　あなたをバラに会わせたいのです」

　　　イギリスの劇作家・政治家シェリダン（1751-1816年）

　ギリシャの哲学者アリストテレスの言葉「全体は部分の総和に勝る」（紀元前350年頃）は広く知られています（個の働きを合わせたよりも全体の働きの方が優れていることを指す）。本書で言えば、「部分」は人を驚嘆・感動させる力強いバラの一つ一つの物語で、それぞれのバラの物語は一つの連続した物語を形作っています。第1章では様々な資料と共にその起源をひもといていきます。第1章とはその本の舞台を整え、全体の方向性を示す章でもあります。本書では「昔々、3500万年前の遠い国でのこと」からお話しましょう。

　この本のそれぞれの物語の主人公はバラです。第2章以降では、考古学研究から神話、プレジャーガーデン、古代文明まで、バラが登場するたくさんの場面（シーン）をご紹介します。舞台は宗教、ラブストーリー、詩、文学、戦争。バラはアートや建築に影響を及ぼし、香水や医学にも使われてきました。

　バラは古代ギリシャ・ローマ時代の社会で、特別な存在となります。神話の女神アプロディテ（ウェヌス）と結びつけられ、テオプラストス、サッポー、大プリニウスの著作でも重要な花とされました。アレクサンドロス大王は大のバラ好きで、遠征からバラを持ち帰り、ローマ皇帝ネロやヘリオガバルス（エラガバルス）も熱狂的にバラを偏愛しました。キリスト教が普及すると、バラは聖

母マリア、ロザリオ、聖人たちと結びついて、象徴的な役割を担います。さらに時代が下ると、シェイクスピアによる『ロミオとジュリエット』のバルコニーでのシーンのセリフ「バラはどんな名で呼ばれようとかぐわしく香る」が有名になり、ルノワール、ゴッホ、マネといった芸術家たちが、バラからインスピレーションを得て数々の作品を残しました。イスラム教やスーフィズム（イスラム神秘主義）では、詩人ルーミーが世界最高傑作の詩の一つ『精神的マスナヴィー』を著し、霊感豊かにバラを表現しました。

　伝説と結びつき、現在知られているバラとしては、ロサ・ガリカ、ロサ・サンクタ、ロサ・ダマスケーナ・ビフェラ、ロサ・ダマスケーナ・トリギンティペタラなどが挙げられます。広く知られる事物と関連する特殊な名を持つバラもあります。例えば、淡いピンクのブルボン・ローズ 'スーヴニール・ド・マルメゾン'（マルメゾンの思い出）の名を聞けば、多くの人はナポレオンの妻ジョゼフィーヌと彼女の有名なマルメゾン城を思い浮かべるでしょう。「キング・マイダス（ミダス王）」（ロサ・ダマスケーナ）の名で知られる60枚の花びらを持つバラ（第3章参照）と、中国原産の5枚の花びらのバラ（第1章参照）とではずいぶんと違った外見ですし、100枚の花びらがあると言われるロサ・ケンティフォリアも独特です。ロサ・ケンティフォリアは17世紀後半から18世紀にかけて、ラッヘル・ライスやピエール゠ジョゼフ・ルドゥーテをはじめとする画家により盛んに描かれた花でもあります（第7、8章参照）。歴史好きなら、ローマ帝国最盛期にクレオパトラがマルクス・アントニウスを虜にするために使ったのはどんなバラだったのかしら、と思うでしょう。

　宗教的象徴としては、バラの園は楽園の図像の定番です。ローズウォーターやローズオイルは何世紀もの間健康維持や薬用に使われてきましたし、こうした産業に従事する工房も数多く設立されました。バラは貨幣としてやり取りされることもあり、中国からアジア、ペルシャを通って古代ヨーロッパ、エジプトに入り、商路に乗って世界各地へと広がりました。バラの芳香も重要で、嗅ぐ人を不思議な気持ちにさせ、気分を高めます。バラには神経を鎮めて安らぎをもたらす力があるのです。

　本書ではいくつかの特定のバラについて紹介し、それらが歴史で果たした役割を見ていきます。また、バラのふるさとを訪ね、この花が担った重要な意義についての理解を深めます。バラの物語、象徴、喜びを楽しんでいただければ幸いです。

「薔薇は薔薇であり、
　　薔薇であり、薔薇である」

ガートルード・スタイン
『聖なるエミリー』（1913年）より

ロサ・ダマスケーナ・スパルバ

1
ROSA FAMILY OF PLANTS
科としてのバラ

バラに触発された言葉といえば、
アメリカの詩人ガートルード・スタイン『聖なるエミリー』の一節
「薔薇は薔薇であり、薔薇であり、薔薇である」が思い浮かびます。
スタインはバラを通して「あるがまま」を表現し、
ものの名だけでそれに連なるイメージや感情が
喚起されることを示したのです。
けれどもそれでは、それぞれのバラが持つ
豊かな個性を見失ってしまいかねません。
バラのもっとも素晴らしい点の一つが、
多様性に富むこの花の属性
——香り、色、成長特性、花姿——について学び、体験できること。
同時に、バラが誕生以来遂げた進化や変化も興味をそそります。

植物命名法とバラ

BOTANICAL NOMENCLATURE AND THE ROSE

バラはバラ科（Rosaceae）に属す植物の
大きな一群を指します（バラ科は被子植物に属す一つの科です）。
数は資料により上下しますが、この科には3500から4800の種、
100から160ほどの属が含まれ、バラのほか、
灌木、樹木、草本植物もあります。
バラ科の植物は花の構造が共通しています。

　植物命名法とは、植物に学名を付すことを指します。この方法の祖は博物学者カール・フォン・リンネ（1707-78年）と言われており、リンネ以前の命名の歴史をひもとくと、ラテン語が主要言語だった時代や、テオプラストスや大プリニウスの時代など、長い道のりがありました。園芸家や植物学者は、植物命名法に従い、名称で植物を識別します。ですから必ずしも「薔薇は薔薇であり、薔薇であり、薔薇である」わけではないのです。ロサ・ダマスケーナ・ビフェラ、別名「キャトル・セゾン（四季）」の名を聞けば、ピンク色で大ぶりな花を思い浮かべますし、ダマスク・ローズであることから、よい香りがするのだろうと想像できます。またこの花の別名「オータム・ダマスク（秋のダマスク・ローズ）」は、秋に返り

咲くという大きな特徴を備えていることも示しています。つまり一つの名称だけで、単に「ピンク色のバラ」と呼ぶよりも、その植物の様子や香りについてかなり正確なイメージをつかむことができるのです。

　私はニューヨーク広域で放送される人気ラジオ番組にゲストとしてたびたび出演し、アメリカ各地のリスナーからバラについての質問を受けていました。毎回と言っていいほど寄せられた質問の一つが、自分が育てている「ピンク色のバラ」のトラブルの原因についてです。そこで私は「そのバラについて、ピンク色ということ以外にもう少し詳しく教えていただけませんか」と聞きます。例えばピンク色のバラが'クイーン・エリザベス'だとわかれば、対処も比較的簡単です。ピ

ンク色のバラはバラには違いありませんが、具体的に言えば'クイーン・エリザベス'は背が高くまっすぐで、ピンク色の房状の花を咲かせる控えめな香りのモダンローズの一種、グランディフローラ・ローズです。名前がわかれば育て方や正確な色も把握できますし、住んでいる地域により病気に対する耐性や頑丈さなども異なるので、より詳しくアドバイスできます。

バラ科

バラ科に属すいくつかの属をご紹介しましょう。

ナナカマド属(*Sorbus*)：英語ではマウンテンアッシュ、ローワン、サービスツリー、ホワイトビームなどの名で広く知られています。

サンザシ属(*Crataegus*)：英語ではホーベリー、ホーソーン、メイツリー、クイックソーン、ホワイトソーンの名で知られています。

キイチゴ属(*Rubus*)：ブラックベリー、ボイゼンベリー、ローガンベリー、ラズベリー、テイベリーなどのベリー類で有名な属です。

サクラ属(*Prunus*)：アーモンド、アンズ、サクランボ、桃、プラムなどで知られる属です。

オランダイチゴ属(*Fragaria*)：一般的にイチゴとして知られる属です。

リンゴ属(*Malus*)：一般的にリンゴとして知られる属です。

'クイーン・エリザベス'

バラの種類

　バラの原種（自然が作り出したもの）の花は独特な姿で、平たく、花びらは5枚だけ。これを一重咲きと呼びます。ただし4枚の花びらを持つロサ・セリケア・プテラカンサだけは例外です。

　バラ科に属す植物は数多くありますが、もともと5枚の花びらという共通点を持っています（のちにしべが花弁に変化し、八重咲きや半八重咲き種などになりました）。p13に挙げた属以外にもバラ科に属すグループがあります。それがこの本の主人公、バラ属（*Rosa*）です。

　バラ属には4つの亜属があり、それぞれの特徴により、次の下位群に分かれます。

ヘスペロードス亜属：デザート・ローズ（ロサ・ステラータ）

ヘスペロードス亜属（*Hesperrhodos*）：

ギリシャ語で「西のバラ」。北アメリカ原産のロサ・ミヌティフォリアとロサ・ステラータがあります。

フルテミア亜属（*Hulthemia*）：

ペルシャ原産のロサ・ペルシカとロサ・ベルベルフォリアがあります。頑丈で、棘があり、まばらに開花します。野生種で、イランやアフガニスタンなど砂漠に近い環境でも見かけます。中央に「目」のような斑（ブロッチ）があるのが、ほかの花との違いです。

プラティロードン亜属（*Platyrhodon*）：

ギリシャ語で「薄片状のバラ」を意味し、日本原産のロサ・ヒルトゥーラ（和名サンショウバラ）、中国原産のロサ・ルクスブルギー（和名イザヨイバラ）などで構成されています。

フルテミア亜種：バーベリー・リーフローズ（ロサ・ペルシカ）

プラティロードン亜属：チェスナット・ローズ（ロサ・ヒルトゥーラ）

ローザ亜種（*Rosa*）：

その他のすべてのバラを含み、下の11の節に分かれます。

アジア固有のバラ

1. **バンクシアエ節**（*Banksianae*）：
   中国中央部、西部原産。
2. **ブラクテアータ節**（*Bracteatae*）：
   中国、インド、日本、台湾、ヒマラヤに生息。ロサ・ブラクテアータ（和名カカヤンバラ）など。
3. **キネンシス（インディカ）節**（*Chinensis*）：
   中国南西の貴州省や四川省、中央の湖北省、インドやミャンマーに生息。
4. **ラエウイガータ節**（*Laevigatae*）：
   台湾やラオス、ベトナムなど南部に生息。ロサ・ラエウィガータ（和名ナニワイバラ）など。

ヨーロッパ固有のバラ

5. **カニーナ節**（*Caninae*）：
   ヨーロッパ、南西アフリカや西アジアに生息。ロサ・カニーナ、ロサ・グラウカなど。
6. **ガリカ節**（*Gallicanae*）：
   中近東、西アジアに生息。ロサ・ガリカ、ロサ・ダマスケーナなど。
7. **ピンピネリフォリア節**（*Pimpinellifoliae*）：
   南西アフリカや中東アジアに生息。ロサ・スピノシッシマ、ロサ・フェティダなど。

北アメリカ固有のバラ

8. **カロリナ節**（*Carolinae*）：
   北アメリカ東部に生息。ロサ・カロリーナ、ロサ・ニティダなど。
9. **ギムノカルパ節**（*Gymnocarpae*）：
   北アメリカ西部、アジアに生息。

北半球全体に固有のバラ

10. **シンスティラ節**（*Synstylae*）：
    東アジア、中国、日本に生息。ロサ・ムルティフローラ（和名ノイバラ）、ロサ・ウィクライアーナ（和名テリハノイバラ）、ロサ・オノエイ（和名ヤブイバラ）など。
11. **キンナモメア節**（*Cinnamomeae:*）：
    北アフリカを除く全域に生息。ロサ・ルゴサ（和名ハマナス）、ロサ・ニッポネンシス（和名タカネバラ）、ロサ・アキクラーリス（和名オオタカネバラ）、ロサ・ダブリカ・アルペストロス（和名カラフトイバラ）、ロサ・アルカンサナ、ロサ・ブランダ、ロサ・ペンデュリーナ、ロサ・オキシオドン、ロサ・ラクサ、ロサ・マイアリスなど。

バラの分類

　バラ亜種の下には大きく分けて3つのグループがあります。原種、オールドローズ、モダンローズです。1867年はバラの世界におけるエポックメイキング的な年で、ジャン゠バティスト・ギヨ（1827–93年）により、'ラ・フランス' が発表されました。これはハイブリッド・パーペチュアル・ローズとティー・ローズの交配種で、一般的にはヨーロッパにおける初めてのハイブリッド・ティー・ローズとされています。

　1867年以前のバラはすべて、「オールド」ローズとされ、この年以降のバラはすべて「モダン」ローズに分類されます。3500万年前から今日までの歴史とバラの物語をたどる本書に登場するバラは、ほとんどが原種かオールドローズに分類されます（モダンローズはようやく第9章で登場します）。バラ栽培は近代以降急激に進んだため、その普及も主に20世紀に起こりました。現在、バラの専門団体は、37の固有の系統を定義しています。その基礎となるのが花の形で、各系統の花は特有の形を共有しています。

'ラ・フランス'

ロサ・ケンティフォリア

オールドローズ系

- アルバ
- エアシャー
- ブルボンおよびクライミング・ブルボン
- ブルソー
- ケンティフォリア
- チャイナおよびクライミング・チャイナ
- ダマスク
- ハイブリッド・ブラクタータ
- ハイブリッド・チャイナおよびクライミング・ハイブリッド・チャイナ
- ハイブリッド・エグランテリア
- ハイブリッド・フェティダ
- ハイブリッド・ガリカ
- ハイブリッド・ギガンティア
- ハイブリッド・ムルティフローラ
- ハイブリッド・パーペチュアルおよびクライミング・ハイブリッド・パーペチュアル
- ハイブリッド・センペルウィレンス
- ハイブリッド・セティゲラ
- ハイブリッド・スピノシッシマ
- ハイブリッド・ステラータ
- モス
- ノワゼット
- ポートランド
- ティーおよびクライミング・ティー

モダンローズ系

- フロリバンダおよびクライミング・フロリバンダ
- グランディフローラおよびクライミング・グランディフローラ
- ハイブリッド・コルデシー
- ハイブリッド・モエシー
- ハイブリッド・ムスク
- ハイブリッド・ルゴサ
- ハイブリッド・ウィクライアーナ
- ハイブリッド・ティーおよびクライミング・ハイブリッド・ティー
- ラージ・フラワード・クライマー
- ミニチュアおよびクライミング・ミニチュア
- ミニフローラ
- パティオ
- ポリアンサおよびクライミング・ポリアンサ
- シュラブ

つるバラ 'ニュー・ドーン'（新たな夜明け）

棘と実

ローズヒップ（実）はバラの果実で、種子を内包しています。ビタミンCが豊富で、お料理にはもちろん、様々な薬用療法にも用いられます。原種の花はしっかりと開いて、花の送粉を担うミツバチや虫たちを引き寄せるので、花びらが密生する花に比べて、実をつける可能性が高くなります。ロサ・ルゴサやロサ・モエシーを見ればわかる通り、実は花と同じくらい独特でカラフルです。

冬の間、色鮮やかなローズヒップは寂しい景色を華やかに彩り、鳥や動物たちの貴重な食糧となります。バラの茎に目を向ければ（あるいは触れれば）、悲しいことに鋭い突起物が出ているのが感じられます。英語圏の人にとっては意外なことに棘は、「ソーン」ではなく「プリックル」と呼ばれます。棘は茎の組織の外側の層が発達したもので、植物を守る働きをします。鉤型なので、壁などを伝って這い登るのにも役立ちます。

ロサ・ルゴサのローズヒップ

バラの分類

　ガーデンセンターやナーセリー（育苗所）でよく目にする現代のバラを中心に、主な系統の一部をご紹介しましょう。

原種／野生種

　自然が作り出した野生のバラで、天然に存在する種を指します。1年に1度開花し（そのため「一季咲き」とも）、通常一重咲きです。100から150以上（あるいは300以下）の種類があると言われますが、正確な数については、現在に至るまで決着がついていません。いずれも北半球のみ、温暖な地域に生息し、その多くが派手なローズヒップをつけます。

オールドローズ、
オールドガーデンローズ、
アンティークローズ（1867年以前）

ハイブリッド・ガリカ・ローズ

　ロサ・ガリカはヨーロッパ北部や中央部に固有のバラ種で、数千年前から知られています。中でも最初に命名されたのはロサ・ガリカ・オフィキナリス（薬効があると考えられていたため、「薬用バラ」を意味するアポテカリ・ローズとも）で、その他多くの後世代ロサ・ガリカと同じく、花びらが多く、100枚近くの花びらを持つものもあります。この系統のその他のガリカは原種の交配種で、密度も香りも濃い花を咲かせ、たいていが深い色です。

ロサ・ガリカ・オフィキナリス

ダマスク・ローズ 'ウイエ・パルフェ'（完璧なカーネーション）　アルバ・ローズ 'グレード・メイデンス・ブラッシュ'
（麗しの乙女の恥じらい）

ダマスク・ローズ

　ダマスク・ローズはもともとロサ・ガリカと別の原種の交配と考えられますが、疑問を呈する専門家も少なくありません。花びらはそれ以前のガリカに比べれば少ないものの、初期の原種よりは多く、香りがよいことで知られており、ローズオイル（あるいはローズアターと呼ばれる精油）の原材料として使われます。ローズオイルには様々な用途があり、現在では香水にも用いられます。「オータム・ダマスク」以外のダマスク・ローズは一季咲きです（p65，90参照）。

アルバ・ローズ

　アルバとは白を意味しますが、実際には白からピンクまで幅があります。ロサ・カニーナとロサ・ダマスケーナの交配種と考えられます。花姿は多様で、祖先ダマスク・ローズは濃厚な香りですが、こちらの香りはずっと軽め。もう一つの特徴として挙げられるのが、淡い青緑色（グレーがかった緑や青）の葉で、祖先のバラの淡い緑色の葉とは異なっています。一季咲きで、高さ1.8メートルに達するものもあることから、ツリー・ローズとも呼ばれます。

ケンティフォリア・ローズ

　ケンティフォリア・ローズには他系統とは一線を画すとてもシンプルな特徴があって、「100」を意味する「ケンティ」という言葉にも表れています。通常カップ咲きあるいは丸みのある花の形で、実際に花びらが100枚近くもあるのです。花の形から、キャベツローズとも呼ばれ、17世紀に開発された系統としては最初のものと言われています。ほかの系統に比べて商品化されている種類が少ないのは、おそらく栽培開始時期が遅かったためでしょう。

モス・ローズ

　モス・ローズの花は祖先の花と似ているため、形だけではなかなか識別できません。このバラならではの特徴は、つぼみの部分の「苔」のような腺毛。腺から生える毛がつぼみを覆い、独特のねっとりとした香りを放ちます。この部分の香りは、柑橘類やアニスのような香りから土のようなノートまで幅があり、花の香りと補い合ったり、コントラストになったりして、一つの花で2つの香りを楽しめます。モス・ローズはケンティフォリア・ローズの流れを汲む変種（p23参照）と考えられます。

ケンティフォリア・ローズ 'ドメティル・ベッカール'

モス・ローズ 'コンテス・ド・ムリネ'（ムリネ伯爵夫人）

ハイブリッド・チャイナ・ローズ

　チャイナ・ローズはその名の通り中国原産で、原種ロサ・キネンシスから発展しました。もっとも多花のバラの一つで、繰り返し咲きするモダンローズのほとんどはチャイナ・ローズの特性を受け継いでいるとされます。既存のヨーロッパのバラとの交配は新たな花の形や色を生み、白からピンクまでの色調は、バラの世界にパステルイエローや真紅、紫色をもたらしました。ハイブリッド・チャイナ・ローズと呼ばれるバラはすべて、チャイナ・ローズとその他既存の系統のバラとの交配種です（p17参照）。

ポートランド
（ダマスク・パーペチュアル）・ローズ

　バラはその祖先のすべての遺伝子特性を内包しており、遺伝子の組み合わせは飛躍的に増えています。とても多くの遺伝特性が複数の系統に伝わっているため、特定の系統だけを取り上げるのは容易ではありません。ポートランド・ローズはチャイナ・ローズから、繰り返し咲きという遺伝特性を、祖先のガリカ・ローズとダマスク・ローズからクラシカルな花の形を受け継いでいます。葉のすぐ上に花が咲くのが大きな特徴で、ブーケを思わせます。

ハイブリッド・チャイナ・ローズ
'アーチデューク・チャールズ'（チャールズ大公）

ポートランド・ローズ
'コント・ド・シャンボール'（シャンボール伯爵）

植物の変種

「スポーツ」についてお話ししましょう。と言っても野球のことではありません。植物界で「スポーツ」と言えば、変種、つまり親植物とは異なる植物を指し、通常、その差異は遺伝子の突然変異に由来すると考えられます。いくつかの例をご紹介しましょう。

- 成長特性の違い。シュラブ・ローズのはずが突然、茎が長くなったり、つるバラのように這ったりする。

- 一季咲きのはずが、繰り返し咲きする。

- 花の色が突然、いつもとは違った別の色になる。例えば白いバラがピンク色になる。

- モス・ローズはケンティフォリア・ローズに似ているが、前者のつぼみは腺毛に覆われている。これは遺伝子の突然変異から来ている。

ブルボン・ローズ

　ブルボン・ローズはチャイナ・ローズとダマスク・ローズに連なるバラで、両方の長所を備えています。チャイナ・ローズからは色の多様さや繊細な花、返り咲きという特徴を、ダマスク・ローズからは特徴的な花姿や深い香りを受け継ぎました。商業用ナーセリー（育苗所）で盛んに育てられ、香りもよいので、庭での栽培も楽しめます。

ブルボン・ローズ 'ルイーズ・オディエ'

ノワゼット・ローズ 'アリスター・ステラ・グレー'

ハイブリッド・パーペチュアル・ローズ 'ポール・ネイロン'

ノワゼット・ローズ

　ノワゼット・ローズはたくさんの花を咲かせて庭を彩る植物の一つですが、耐寒性は強くないため、どちらかと言えば南部に分布しています。多花の遺伝子は親花のチャイナ・ローズから来ており、かぐわしい香りや房咲きは原種ロサ・モスカータから来ています。ノワゼット・ローズは1802年に、サウスカロライナ州のジョン・チャンプニーズ（1743–1820年）の手がけた実生の苗木から生まれ、これが近隣に住んでいたフランス人苗木専門家フィリップ・ノワゼットの手に渡り、さらにフランスで発展しました。

ハイブリッド・パーペチュアル・ローズ

　ハイブリッド・パーペチュアル・ローズは、それ以前のバラのすべての遺伝子が組み合わさった花です。その複雑な系統から、他の系統をしのぐ大ぶりで高芯咲きの新たな品種が生まれました。官能的な花姿は育種家や愛好家の注目を集め、バラの交配がかつてないほど進みました。

ティー・ローズ

　繰り返し咲きするバラで、紅茶に似た香りがします。中国から導入されたバラをもとに作出され、どちらかと言えば南部に分布しています。

1867年以降のモダンローズ

ハイブリッド・ティー・ローズ

おそらくもっとも栽培されているメジャーなバラ
で、毎年たくさんの新変種が市場に登場します。
繰り返し咲き、直立あるいは木立性の成長特性
を備えています。茎には棘があり、葉はほどほ
どの深緑色で、艶がある場合とない場合があり
ます。通常、1本の茎に1輪の大ぶりな八重咲き
の花を咲かせ、香りがある場合も。あまりの人
気ぶりに、花屋向けのバラ生産・販売という新た
な産業が生まれたほどです。意外にもさほど匂
いはしませんが、新たな交配により香りを備えた
ものも生まれつつあります。

ハイブリッド・ティー・ローズ 'フランシス・メイヤン'

ポリアンサ・ローズ

概してコンパクトなシュラブ・ローズで、茎には
棘があり、葉は光沢のある緑色です。通常、繰
り返し咲き、晩春から秋にかけて、小枝の先に
小ぶりな一重あるいは八重咲きの花をたっぷりと
咲かせます。

ミニチュア・ローズとミニフローラ・ローズと
パティオ・ローズ

コンパクトなシュラブ・ローズで、茎はとても短
く、花も葉も小ぢんまりとしています。繰り返し咲
き、一輪咲きの場合と小さな房咲きの場合があ
ります。ロサ・キネンシス・ミニマの小型の性質を
受け継いでいます。

グランディフローラ・ローズ

ハイブリッド・ティー・ローズとフロリバンダ・ロー
ズの交配から生まれた系統で、両方の特性を受
け継いでいます。繰り返し咲き、直立あるいは
木立性の成長特性を備えています。茎には棘が
あり、葉はほどほどの深緑色で、艶がある場合
とない場合があります。大ぶりで通常は八重咲
き。香りがあり、たいてい一輪咲きですが、房
咲きすることも。グランディフローラ・ローズの第
一号が 'クイーン・エリザベス' で、1954年に発
表されました (p13参照)。

フロリバンダ・ローズ 'ポセイドン'

シュラブ・ローズ
'ケアフリー・ビューティー'（屈託のない美しさ。「ケアフリー」
には「手のかからない」の意もあり）

フロリバンダ・ローズ

　ハイブリッド・ティー・ローズとポリアンサ・ローズの交配から生まれた系統です。多花で、繰り返し咲き、直立あるいは木立性の成長特性を備えています。たいてい茎には棘があり、葉は艶のある緑色。一重咲きの場合と八重咲きの場合があり、香りがするものも。3つから最大25の房咲きです。

シュラブ・ローズ

　シュラブ・ローズの系統は多様で、たくさんの種類をカバーしています。たいていハイブリッド・ティー・ローズよりも大ぶりな花で、香りがあり、一重咲きの場合もあれば八重咲きの場合もあり、晩春から秋にかけて繰り返し房咲きします。交配を繰り返した結果、独自の系統を形成しています。デビッド・オースチンの美しいイングリッシュローズシリーズはその一例です。

ラージ・フラワード・クライマー・ローズ

　頑丈なつるバラで、アーチを描く硬い茎にはたくさんの棘が生えていて、光沢のある緑色の葉がみっしりと茂ります。香りがある場合が多く、一輪咲き、房咲きがあります。春や初夏に大きめの花を、前年の枝から発生した新しい枝、サイドシュートに咲かせることもあれば、枝元から発生した新しい枝、ベーサルシュートに咲かせることもあります。'ナエマ' はその一例です（下参照）。

ハイブリッド・ムスク・ローズ

　おそらく、原種で多花のロサ・ムルティフローラと、ムスクのような香りのロサ・モスカータから生まれたと考えられます。頑丈で発育のよいシュラブ・ローズで、美しい房咲きです。香り高く、シーズンを通して繰り返し咲きます。自由に咲かせて、その本来の花姿を風景の中で生かすと一層映えます。

ハイブリッド・ルゴサ・ローズ

　頑丈で、耐寒性のあるシュラブ・ローズで、ひだがあり（「ルゴサ」はひだ、しわの意）、葉はたいてい明るい緑色です。ロサ・ルゴサ・アルバとロサ・ルゴサ・ルブラは、この原種ロサ・ルゴサ（和名ハマナス）から生まれたバラです。盛んに栽培された結果、独自の系統を形成しています。多くが一重咲きや半八重咲きで、房咲きの花からは香りが漂います。また愛らしくカラフルな大きめのローズヒップも実ります。

ラージ・フラワード・クライマー・ローズ 'ナエマ'

ハイブリッド・ルゴサ・ローズ 'アグネス'

「おいで。バラの園に
花が咲いたよ！」

アフラキ『ルーミーの教え
（*Teachings of Rumi*）』（1999年）より

ロサ・パルストリス・
マーシャル
（旧称ロサ・ハドソニアン・
サリフォリケア）

2
THE ANCIENT ROSE STORY

いにしえのバラの物語

バラは人々の情熱をかきたて、
多くの文化において様々な事物を象徴してきました。
この花の物語は古代にさかのぼり、
その強さや苦難を耐え忍ぶ力は、遥か昔から言い伝えられてきました。
ここでは、地質学的視点から地球の歴史を見てみましょう。
きっと、数百万年前のいにしえからバラがどのように生き延び、
困難に耐えてきたかのヒントが見つかるはずです。
3500万年前に誕生したバラの原種は、地球の大変動を生き延び、
繁殖しましたが、これは驚異的な偉業です。
大陸の衝突、山脈の隆起、氷原の形成にも負けずに生き残ったバラは、
遺伝子的に強固な植物なのです。

バラの起源

THE ORIGIN
OF THE ROSE

バラの黎明期は謎に包まれています。

ほとんどのバラの原種の葉は紙質で、薄くてもろい組織なので、

あっという間に壊れてしまい、なかなか化石化しません。

そのため、識別が難しく、信頼の置ける歴史記録は、数百万年分欠落しています。

けれども、バラは中央アジアに出現したのではないかと考えられ、

古生物学者は化石研究をもとに、

すでに3500万年前から存在していたと推定しています。

始新世
（5600万-3390万年前）

　始新世は英語で「Eocene Epoch」。ギリシャ語の「夜明け」が語源で、新たな有機体集団が出現・多様化した時代です。このときまでに超大陸パンゲアが分裂して2つの巨大な陸塊となり、漂流しました。その一つローラシアは北大陸になり、ゴンドワナは南大陸になりました。

　暖かい赤道海流が冷たい南極の海水と混じり、各地に熱を行き渡らせ、地球上で高温が保たれました。さらに南大陸からオーストラリアが分裂し、暖流が北方へと向かいました。その結果、南極の凍結が始まります。

始新世の気候は温度も湿度も非常に高く、現代のグリーンランドやアラスカでも、植物が青々と茂っていた。

さらにローラシアとゴンドワナがそれぞれ分裂し、複数の大陸となって現在の位置にまで漂流しました。現代の北アメリカ地域では、山の生成が始まり、標高の高い平らな盆地に巨大湖が形成されます。陸塊は変化を遂げましたが、陸上の動植物相からすると、まだ地続きの部分があったと推定されます。インド亜大陸が北へ移動し、アジアと衝突し、その大衝撃によりヒマラヤ山脈が形成されました。

極地方は現代でこそ雪に覆われているものの、始新世の環境下では広大な森が生まれました。化石研究からは、現代の北極海エルズミア島に、ヌマスギやメタセコイアが生息していたことがわかっています。また、グリーンランドやアラスカに、亜熱帯・熱帯樹木が生えていたことも確認されています。

温度も湿度も高かったため、北アメリカやヨーロッパにも亜熱帯森林が広がっていました。始新世、こうした地域では1日の日照時間が6-8時間あり、土壌は適度に湿っていて、バラに適した生育条件がそろった亜熱帯気候でした。当時バラが存在していた可能性はかなり高いのですが、物的証拠はありません。しかし、のちの漸新世（p34参照）の地質学研究では、バラの最初の化石が見つかっています。

5600年前

ローラシア大陸
北アメリカ　ヨーロッパ　アジア
アフリカ　インド
南アメリカ　ゴンドワナ大陸
オーストラリア
南極

始新世のバラ化石についての研究

　高名な古植物学者ハーマン・ベッカーは、化石をもとにバラ原種についての調査を進めました。その結果、以下のような結論に達しました。

「1枚ないしはほんの少数の
　　葉や小葉を持つ原種は、
　　　バラを含む化石植物相である」

トーリー植物学クラブ会報（1963年）に掲載された『バラ属の化石記録』(The Fossil Record of the Genus Rosa, *Bulletin of the Torrey Botanical Club*)より

　結果的に、化石種は「現存するいかなる植物」にも関係づけることはできず、量的評価も不可能です。ベッカーは、植物の葉（成長特性）は場所や気候により異なるため、特定のバラの変種が生息していたことを証明するのは至難の業だとの結論を出しました。ある地域の降水量がより高ければ、その地域の植物の葉は、ほんのわずかあるいはまったく雨が降らない地域の植物の葉よりも大きくなる傾向にあります。そのため、古代のバラ変種を特定するのは難しいのです。

　始新世のバラの化石は、北アメリカ、コロラド州のコロラドスプリングス西部、草原盆地サウスパークの小さな村フローリッサントと、オレゴン州中央部のブリッジクリーク川（ジョン・デイ川の支流）およびクルックド川で見つかり、それぞれ標本採取され、ロサ・ヒリアエ、ロサ・ヴィルマッタエ、ロサ・スキュデリ、ロサ・ルスキニアナと命名されました。これらにもっとも近い現存のバラは、ロサ・ヌトカーナとロサ・パルストリスです。これら4つの化石標本は別々に分類されていますが、同一の原種だった可能性もあります。しかし当時は、バラの専門家の数も資金も足りなかったため、標本分類作業は完璧とは言えず、精度も高くありませんでした（こうした調査に新技術が援用され始めたのは、ようやく近年になってからこのことです）。それでも、これら3500万年前の化石が明らかにしたバラの「古さ」は、驚嘆の念を起こさせずにはいられません。

ロサ・パルストリス・マーシャル。「スワンプ・ローズ（湿地のバラ）」とも呼ばれ、非常に香りが強い原種。湿地、沼地、小川の岸など湿った土地を好む。水をたっぷりと含んだ土壌でも繁殖する能力は、バラの中でも異色。

バラの化石

　湿った環境の中で植物が死に、泥やシルト（沈泥）の中に埋まると、化石になります。柔らかい繊維が短時間で分解し、枝や硬い部分が残ります。その上に堆積物が重なり、石化するのです。

　残念なことに、たいていの花は柔らかな繊維からなっており、石化する前に朽ちてしまうことがほとんどです。植物、ことにバラは、識別の際にもっとも頼りになるのが花なのですが、逆にそのために、バラの化石は識別が難しく、その存在自体が稀なのです。ほかの植物に比較して、バラの化石はごくわずか。このことから、平均以上の雨量を必要とする植物に比べ、バラは乾燥した場所に生息していたので、石化する機会がごくわずかだったのではないかと考えられます。

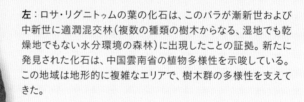

左：ロサ・リグニトゥムの葉の化石は、このバラが漸新世および中新世に適潤混交林（複数の種類の樹木からなる、湿地でも乾燥地でもない水分環境の森林）に出現したことの証拠。新たに発見された化石は、中国雲南省の植物多様性を示唆している。この地域は地形的に複雑なエリアで、樹木群の多様性を支えてきた。

漸新世
（3390万‒2300万年前）

　熱帯の始新世と、より低温の中新世（2301万年‒533万3000年前）に挟まれているのが漸新世で、重要な変化が起こった時代です。このときの大変動により、草地が大幅に拡大し、その結果、森林は赤道付近にまで後退しました。この気候変動（温度低下）によってもたらされた大規模な破壊は、「大断絶」として広く知られています。漸新世が始まるこの時期、現代では絶滅したヨーロッパの動物相は、アジアの動物相に取って代わられました。東から偶蹄目（四肢の数が偶数で、指に蹄がある動物）や奇蹄類（奇数の蹄を持つ動物）などに分類される動物が西ヨーロッパに到来し、始新世の属や種の多くが絶滅しました。

漸新世の気候変動

　漸新世の気候変動により、地球上では氷原が増大し、水位は55メートル低下し、気温が下がりました。各大陸は現在の位置に定まり、赤道から遠くへ移動した大陸は氷に覆われ、現在の南極になりました。北アメリカでは西部の山脈が発達を続け、ヨーロッパではアフリカとユーラシア大陸プレートが衝突して、アルプスが出現しました。熱帯・亜熱帯林に代わり夏緑林（夏に葉をつけ冬に落葉する樹木の茂る森林）が広がるにつれ、顕花植物（被子植物）が世界各地に分布し、平地や砂漠が増えて、開けた平地に草が生え始めました。北アメリカでは、亜熱帯種（バラ、カシュー、レイシ）が優勢となり、ブナやマツなど温帯地域の樹木が伸びました。こうした変化により生じたエコシステムは、中新世の冷涼な気候で繁栄することになります。

中新世の冷涼な気候により、より乾燥し開けた条件に適した動植物相が進化した。

中国のバラたち

THE CHINA IMMERSION

中国南西部は生物多様性に富んだホットスポットで、
現在の庭園植物の多くはこの地域に自生していた種が発達したものです。
アザレア、椿、ユリ、バラなどもその一つで、
バラは主に中国で多様化を遂げました。
現在、温暖な地域や亜熱帯地域から酷寒の地域にまで
広く分布する種はほぼ160とされていますが、
その中の約95が中国に自生する種で、うち約65が固有種です。

この地域はいみじくも、多くの園芸家から「庭園の母」(ガーデン・マザー)と呼ばれています。そうした庭園植物の中でも一際有名なのが、華やかで香りもよいバラ。この地域の原種としては、ロサ・キネンシス、ロサ・ギガンティア、ロサ・モスカータ、ロサ・ムルティフローラ、ロサ・ウィクライアーナが挙げられます。これらはコーカサス山脈に自生するヨーロッパのロサ・ガリカやイラン、イラク、アフガニスタン原産のバラ、ロサ・フェティダと並び、バラ属の栽培品種誕生に大きく貢献しました。

中国の化石記録

嬉しいことに、中国南西部雲南省で中新世後期の、「無傷の」葉のついた良好な保存状態のバラの化石が見つかったという報告があります。前述のように、ほとんどのバラの葉は紙質なのですぐに朽ちてしまい、化石として残りにくいため、識別が困難です。しかもバラは現代の亜熱帯地域の植生では、決して優占種ではなく、日陰や森の境界などの空き地に追いやられるこ

* ロサ・ムルティフローラ(ノイバラ)とロサ・ウィクライアーナ(テリハノイバラ)は、日本にも自生します。ロサ・ムルティフローラは、ヨーロッパに渡り、主にポリアンサ・ローズやフロリバンダ・ローズ、ミニチュア・ローズ他の園芸品種誕生に貢献しました。ロサ・ウィクライアーナは、フランス・アメリカに渡り、主にクライミング・ローズやランブラー・ローズの園芸品種誕生に貢献しました。

イラン、イラク、アフガニスタン原産のロサ・フェティダ。「フェティダ」は「悪臭を放つ」の意。嫌な匂いという声もあるが、黄色いロサ・フェティダは、バラの品種改良の歴史において重要な役割を担った。

ともしばしばです。そうした中、2015年に化石状態で識別されたロサ・フォルトゥイタは新しいバラ原種で、葉が良好な状態で見つかりました。このバラの発見は、中国南西部で遅くとも中新世後期にはバラが存在していたことの証拠であり、現代のバラ種と同じニッチ(ある生物がその特徴に応じて占有する生息場所、環境)を占めていた可能性も示しています。

大石洞のバラの化石の発見

雲南省大石洞(Dashidong)で発見された2000以上の化石のうち、バラの標本はわずか3つ。やはり、化石状態のバラはごく稀なようです。こうした化石の発見は、バラが亜熱帯森林のよ

うな温暖な地域で成長したことを教えてくれます。例えば、ロサ・フォルトゥイタは適潤混交林、湿度がほどほどの、亜熱帯あるいは温帯気候の森に生えていました。雲南省に現存するバラ種もこの説を裏付けています。1800-3400メートルの標高差があれば、亜熱帯や中性植物(日照時間の長短にかかわらず花を咲かせる植物)に適した温帯気候が出現します。中国南西部におけるバラの一般的気候条件は、中新世から変わっていないようです。そう考えれば、この地域の遺伝物質が多様なことや、なぜ中国がバラの遺伝物質の源泉と呼ばれるのかも理解できます。つまりこのエリアは、バラの遺伝物質の宝庫なのです(まるで子どもにとってのキャンディーショップのように!)。

ロサ・ヒリアエ・レクルーの化石化した葉。コロラドで発見された漸新世の化石。

気候や地質の及ぼす影響

ロサ・フォルトゥイタに必要な気候は、ロサ・リグニトゥムのそれと似ています。後者は中央ヨーロッパで見つかった漸新世から中新世にかけての化石中のバラ種で、広く報告されています。多くの植物種は、鮮新世（533万–258万年前）以降の劇的気候変動で、絶滅したり、ヨーロッパのごく狭い地域に限られたりしました。しかし中国南西部では地形が複雑なおかげで、バラを含む多くの植物の群落がより適した環境条件の地域へと移り、気候変動を生き延びることができたのです。

現代の中国におけるバラの多様性は、青海チベット（ヒマラヤ）高原の隆起と重なっています。この地帯の変化の正確なパターンや時期はわかっていませんが、地質が地形やモンスーン気候に大きく影響したことは確かで、種の多様化が促されました。中国南西部には、インドとユーラシア大陸の衝突から生まれた起伏の激しい山々があり、この地域の複雑な地形と気候を形作っています。こうした様々な生育地があるおかげで、バラは多様化する機会に恵まれました。例えば現在、雲南省最高峰の梅里雪山には、標高差約4800メートルの間に、7つのバラ種が生息しています。

気候条件とバラの多様化

　近年の分子研究では、中国南西部の複雑な地形と気候が、バラを含む多くの植物群の高度な複雑化に大きな役割を果たしたことが明らかになっています。この地域の気候条件の幅の広さには、中新世後期以降に起こった青海チベット高原の隆起も関係しており、これにより中国南西部のバラの標準的気候条件が数百万年の間変わることなく続いたのです。こうした数々の地質や気候の多様性にもかかわらず、いえ、だからこそ、バラが数百万年にもわたって存在し続けた事実に、私たちは魅了されずにはいられません。

　数百万年前から古代文明の初期まで、バラの物語は沈黙を守っています。理由は単純で、その歴史を記録する人間がいなかったからです。しかし時代が進むにつれ、古代文明にバラが登場し、重要な文化的役割を担うようになります。

ロサ・フォルトゥイタは、この化石の発見が幸運な偶然だったことを意味している。形態学的比較によれば、ロサ・フォルトゥイタの化石はロサ・ヘレナエと酷似している。ロサ・ヘレナエ（写真）は、中国南部、タイ、ベトナムに生息する原種。

古代文明に記されたバラの最初の記録

FIRST RECORDINGS OF THE ROSE WITHIN CULTURES

様々な文明におけるバラの物語は、紀元前3000年頃に始まります。
孔子（紀元前551-479年）は、中国文化におけるバラの重要性を記しました。
周王朝（紀元前1046-256年）は中国史最長の王朝ですが、
孔子によれば、皇帝はバラを溺愛し、帝室の庭園に植えさせたとか。
漢王朝時代（紀元前206-西暦220年）にも広く栽培されていましたが、
チャイナ・ローズ（ロサ・キネンシス）が西洋圏に紹介され、
モダンローズが出現するのは、そのずっと後の18世紀になってからのことです。

ペルシャの伝説のバラ

ペルシャ、ファリスタン（現在のイラン、ファールス州）はバラ栽培の発祥の地を自認しています。バラの栽培はのちに、メソポタミアさらにギリシャへと広がりました。ファリスタンはローズウォーター生産の中心地で、世界中に輸出しており、バグダードのカリフ（イスラム教徒を統率する君主）のもとには、毎年この地方で作られたローズウォーターの小瓶3万本が納められていました。花びら、オイル、精油は、香料、食材、薬用、宗教目的に用いられていました。

5000年以上にわたり、中国とペルシャは、香りのする自然種のバラ（および黄色いバラ）の生息する唯一の地域として記録されてきました。カシャーン（イラン北西の都市）近くのカムサールに育つ一重咲きのバラは、えも言われぬ香りで、オイルのためだけに栽培されています。現代の旅行者もこの地を訪れて、伝統製法で花からオイルを抽出する様子を見学できます。ローズウォーター（現地では「グラーブ」「ゴルアブ」と呼ばれる。goolは花、abは水の意）は崇高なる香りで、グラーブという名前自体がバラの代名詞となったほどです。

ローズウォーターの起源

　何世紀もの間、生花から水蒸気蒸留で抽出したローズウォーターやオイルは、とても貴重な品でした。蒸留の歴史の分野では、紀元前4000年の古代インダス文明（現代のインドやパキスタン）で、陶製の壺を使って花の水を蒸留していた形跡が確認できると主張する研究者もいます。

　蒸留用と思われる陶製の壺が発掘される一方、ほぼ同時代のメソポタミア文明のアッシリア人やシュメール人も、花の水を蒸留していたと推定されます。

　メソポタミアで出土した銘板や壺からすると、香りの抽出技術は紀元前3500年にさかのぼると考えられます。バラの匂いやアロマを取り出すには熱湯が使われますが、アッシリア人がこの抽出法を用いたことはよく知られています。

　紀元前7世紀、古代ペルシャ人がインドにバラの利用法を持ち込み、ローズウォーターは美容の分野にも広がりました。

ペルシャの詩とバラ

ペルシャの詩にはバラがたびたび登場します。名作詩集『ルバイヤート』を記した11世紀ペルシャの詩人・哲学者オマル・ハイヤームはバラを熱烈に愛し、弟子の一人に、「北風が吹いてバラが舞い散る場所に」墓を建ててほしいと伝えたほどです。

バラへの憧れや崇拝の表現によく登場するのがナイチンゲールです。赤いバラの起源をめぐる伝説によれば、もともとバラはどれも白かったのですが、あるときナイチンゲールがバラに一目ぼれしました。それまでナイチンゲールはほかの鳥のように鳴いたりさえずったりするだけだったのですが、バラへの激しい恋心から初めて歌うことを覚えました。ついにはバラにぴったりと寄り添い、棘に心臓を刺されて、バラは永遠に赤く染まったのです。当時のアジアの作家たちも、バラへの愛を歌い上げるナイチンゲールを描いています。

8-9世紀のゾロアスター教の書物『ブンダヒシュン』は、「100枚の花びらを持つ」バラや「犬の」バラに言及していて、悪がこの世に出現したときだけ、バラの棘が生えると述べています。つまり魅力的なバラは生への熱狂を表現し、その棘は挑戦を象徴しているのです。

ペルシャの詩人サアディーは、1258年に発表した道徳的・宗教的詩集を『ゴレスターン（薔薇園）』と命名しました。彼の作品は、詩が人々に喜びをもたらし、洞察へと導くことを示しています。

トルコやペルシャで広く語り継がれる伝説では、バラは預言者ムハンマドの汗から生まれたとされます。この伝説がきっかけとなってバラの人気は高まり、人気は伝説をさらに広めました。バラは蓮に取って代わって花の女王の座に収まったとする伝説もあり、中近東では、死後も続く貞節、永遠の愛情の印とされています。イスラム教においても重要な花であり、イスラム教各国できわめて神聖とされ、異教徒たちにより汚されたモスクを清める唯一の方法は、ローズウォーターで隅から隅まで清浄することだと考えられていました。

推定1-3世紀にかけて『カーマ・スートラ』を著したと考えられる哲学者ヴァーツヤーヤナもバラに言及していて、模範的な妻の仕事の一つは庭の手入れであると説き、「中国のバラやその他の花は、香り高いウェストインディアン・レモングラスや、香りのするベチバーの根と共に植えるべきだ」と記しました。

オマル・ハイヤームのバラの世界。彼は「この瞬間を楽しめ。この瞬間はそなたのものだ」と書いている。

アジア：バラと宗教

ASIA: ROSES AND RELIGION

インドの伝統医学アーユルヴェーダの祖であるチャラカとスシュルタは、
紀元前1世紀の人物と考えられており、バラについての記録も残しています。
古代のサンスクリット語で書かれた『チャラカ・サンヒター』は、
バラを8つの観点から分類しています。
例えば、「ソーミャガンダ（Saumyagandha）」は「**心地よい匂いがする**」の意味です。
バラのそれぞれの**特徴**に名がついており、その多くは薬効に関係しています。

ゼンド語（アヴェスター語）で書かれた最古の聖典でも、古代ペルシャやサンスクリット語の教えでも、優れた古代インドの記録でも、バラはつねに世界と人類の創造に関わる象徴的な役割を担ってきました。言い伝えによれば、創造神ブラフマーと命の守護神ヴィシュヌはヒマラヤに住んでいましたが、前者は蓮が一番美しい花だと言い、後者はバラだと主張しました。しかし、香り高いバラの咲くヴィシュヌの天の果樹園を目にしたブラフマーは、バラが最高だと認めざるをえなかったそうです。

ヒンドゥー教や仏教では、バラの花姿は人生の苦楽、曼荼羅の中心に重ねられます。いくつもの図形が幾何学的に配置された曼荼羅は、涅槃（一切の煩悩からの解脱）への瞑想的道筋を象徴しています。仏陀である釈迦は紀元前6世紀頃の人物で、ガンダーラ彫刻派（インドとギリシャの伝統が入り混じった西暦1-2世紀の芸術一派）の数多くの彫刻作品でも表されましたが、そのほとんどが蓮の形の台座の上に座っているポーズです。しかし中にはわずかながら、5枚の花びらのバラの上に座った姿の彫刻もあります。古代インドには、トリプラ・スンダリーと呼ばれる宇宙のバラがあり、母神の美、力、英知を象徴していました。

インドのバラの伝説

　伝説に目を向ければ、バラが古代インドに存在していたこと、社会・医学・文化・宗教で重要な役割を担っていたことを示すいくつもの証拠が見つかります。

　ムガル帝国皇帝として名高いシャー・ジャハーンは赤いバラで表され、統治中に多くのモニュメントを建設し、偉大な遺産を残しました。中でもアーグラに建つタージ・マハルは傑作で、たくさんのバラのモチーフが壁に描かれています。

　伝説によれば、インドの神ヴィシュヌは、妻ラクシュミーをバラの花びらから創り出したそうで、108枚の大花びらと1008枚の小花びらが使われたとか。こうしてバラは美の象徴となったのです（ラクシュミーは美や富の女神）。野生のバラの効用はチャラカとスシュルタ（前述のアーユルヴェーダの提唱者）の医学専門書でも、お墨つきをもらったと伝わっています。独自の薬効を備えたバラ種はいくつかあり、それぞれにサンスクリット語で名称が付され、特定の病気に対して効果があることを示しています。

タージ・マハルには46種の植物が描かれている。このバラもその一つ。

バラと交易

すでに紀元前2世紀にはインドと中国の間で貿易が始まっており、月氏(紀元前3-1世紀にかけて東・中央アジアに台頭した遊牧民族およびその国家)が仏像を中国に運んでいました(仏教を中国に伝えたのは、のちのインドの仏僧、迦葉摩騰です)。中国からの訪問者たちによれば、仏教の宗教施設には日頃からバラの花輪が飾られていたそうです。インドではいくつもの王国が台頭して地域が分かれましたが、中国との交易は何世紀もの間続き、特にバラ製品は人気の的でした。グントゥールの町の近くモトゥパリに立つ石柱には1244年の銘文が刻まれていて、ワランガルを首都とするカーカティーヤ朝の王ガナパティが、ローズウォーターを含む中国からの輸入品の一部に対し関税を撤廃したと記されています。1300年にはインド西部グジャラート州を訪れたイスラム教徒の旅行家・年代記編者ラシードッディーンが、「人々はとても元気で幸せに暮らしており、70種類を下らないバラを育てていた」との記録を残しています。

ヴィジャヤナガル王国は14世紀から17世紀にかけて、インド南部を治めた偉大な王朝ですが、多くの旅人たちが、当地の貴族も平民も日常生活にバラを取り入れていると報告しています。

1443年にこの王国の宮廷を訪れたペルシャのイスラム教徒外交官アブドゥル・ラザークは、「バラはあらゆるところで売られている。彼らはバラなしでは生きていけず、バラは食糧と同じくらい不可欠だと考えられている」と記しました。

ポルトガルの旅行家ドミンゴ・パイスとフェルナン・ヌーネスも1537年頃にインドに旅行し、自分たちが目にした多数のバラ栽培園、バスケット一杯に詰められたバラが売られているバザール、バラがところ狭しと咲き乱れる貴族の庭園について記録しました。男性も女性もバラを飾り、国王は朝の祈祷でバラをささげ、お気に入りの者たちに気前よくバラを贈り、どのゾウも馬も花輪をかぶっていたとか。さらに、国王の寝室の柱や壁の「上部には、バラをかたどった象牙装飾が施されていた」そうです。

ムガル王朝はラクダにたくさんのバラを積んで歴史の表舞台に登場し、16世紀以降インドを支配しました。ペルシャやアフガニスタンで興ったこの王朝の始祖バーブルは、ダマスク・ローズを初めてこの地にもたらしたとされます。ムガル庭園と呼ばれる庭園群を造園し、中でも皇帝ジャハーンギールが皇后ヌール・ジャハーンのためにカシュミールに造らせたシャーリーマール庭園は現在でも有名です。ムガル庭園では噴水、池、運河、流水など、水の演出が多用されました。

ヌール・ジャハーンは「世の光」の意。皇帝ジャハーンギールの妻で、一族はローズアター(精油)の製法を発見した(p180参照)。

イギリスとインドの交易

　イギリス人がインドを訪ねるようになったのは、東インド会社が活動していた17世紀のことです。中国からイギリスへとモノを運んでいた船は、コルカタ（カルカッタ）港で燃料を補給していました。そこでバラなどの植物を含む商品が売買され、近くのホウラの町の植物園に保管されました。これは1793年にウィリアム・ロクスバラ卿に任された植物園で、イギリス人が輸入した植物も栽培されました。そのうちの一つが'フォーチュンズ・ダブル・イエロー'と呼ばれるバラで、ほかにもチャイナ、ノワゼット、初期のティー・ローズなどが栽培されていました。

インドのバラ製品

　バラ製品はインド貿易の目玉となり、種類も豊富で、化粧品、薬品、食品にまたがっていました。何トンものバラの花びらが倉庫で乾燥され、「パンクリ（pankhuri、花びら）」と呼ばれる原材料に加工され、毎日のように中東に出荷されて、飲料、食品、薬品製造に使われました。バラには冷却効果があることから、様々な薬剤や軟膏に用いられたほか、料理やスイーツの香りづけとしても使われ、婚礼など特別な機会にはバラの香料が欠かせませんでした。ローズウォーターの蒸留は、サンスクリット語の古文書『アルク・プラカシュ（Ark Prakash）』や、高僧、龍樹により細かく説明されています。

　ローズオイルはルー・グラーブ（Ruh gulab）とも呼ばれ、エッセンス、シロップ、シャーベット、ワイン、リキュール、ハチミツ、ジャムに多用されました。

　ブルガリア、モロッコ、フランス、インドは、ローズオイルの主要生産国であり、インドではロサ・ダマスケーナとロサ・ブルボニアーナが使われます。早朝に摘んだバラの花を水蒸気蒸留するとローズウォーターができ、何日もかけてこのローズウォーターからほんの少量の精油（ローズアター）を取り出すのです。わずか10グラムのローズアターを作るのに、実に4000キログラムもの花びらが使われます。

高さ12メートルに達することもあるクライミング・ティー・ローズの系統の'フォーチュンズ・ダブル・イエロー'。1844年にロバート・フォーチュンにより中国で発見されたバラ。この絵では、銅のような色のしどけない花姿だが、実際には輝くようなアプリコットイエローで、外側の花びらに淡紅色や真紅がほんのりと混じっている。

トルコの歓喜
THE DELIGHTS OF TURKEY

バラは数千年前から、歴史的にメソポタミアと呼ばれる
地域の地理や気候に順応して生息していました。
バラはこの地で古代を生き、
人々に用いられるようになったと考えられます。
考古学の発掘により、紀元前1000年以降にギリシャ南部の
ペロポネソス半島に伝わり、使用が始まったことが明らかになりました。

　トルコや東エーゲ海の島々に生息するバラとしては、24種が確認されています。楔形文字で記された銘板には5000年前のバラについての記述があり、アッシリアの銘板はバラやローズウォーターに言及しています。これらの古代文書に登場するバラの種類の特定は難しいのですが、いずれも香りを称賛していることから、アナトリア（西アジア西端）のロサ・ガリカやロサ・ダマスケーナのような、香りのある種だったと推測できます。楔形文字の銘板には、バラを沸騰させてオイルを抽出する作業についても書かれていますが、やはりごく少量だったようで、いかに貴重な品だったかが想像できます。

古代地中海のプレジャーガーデン

　地中海文明では植物や花を使った装飾が盛んでした。初期の庭園は地中海盆地の東端に造られ、交易や植民地化と共に、プレジャーガーデン（何らかの目玉を備えた、一般に公開されている公園）という概念が西方へと持ち込まれました。これは広く普及していた果物、花、ハー

ブの栽培から発展したもので、程度の差はあれ、夏の灌漑と関連しています。人々は壁で土地を囲って、貴重な果物や果樹やブドウ畑を保護し、樹木を列状に植えて、それぞれの間で花を栽培し、貴重な土地を有効活用していました。こうした実用的かつ美的な花としては、サフラン、食用ポピー、スミレ、アヤメのほか、ヴィオティア地方（ギリシャ中部）、キレナイカ地方（リビア東海岸）、その他の地方のバラが挙げられ、香水やクリーム作りに使われました。

楔形文字の銘板に記録されたバラ

「植物一覧」や「医学文書」と呼ばれる銘板は、古代メソポタミアでどのような種類の薬用植物がどのように栽培されていたかを詳しく教えてくれます。簡単に識別できる植物もありますが、ほとんどの場合、私たちの知っているどの植物に相当するのか、なかなか特定できません。

学者レジナルド・キャンベル・トンプソン（1876-1941年）は、どうやら「kasu」が花を意味するようだと考えました。発掘された600の銘板で、この言葉は181回出てくるのです。のちに「kasu」は、ミツバチを引き寄せるネナシカズラだと判明しました。いくつかの医学文書に出てくる「amurdinnu」という言葉は、キイチゴや野バラを指すのではないかという意見が出され、トンプソンもしぶしぶこの解釈を認めました。

ロシアの学者イゴール・M. ディアコノフは、『ギルガメシュ叙事詩』におけるこの語の使用に注目しました。この古代メソポタミアの叙事詩では、「amur-dinnu」は棘と強い匂いを備えた花を指すようです（ディアコノフが指摘したように、キイチゴはこれに当てはまりませんが、野バラは当てはまります）。

古代エジプトの庭園
ANCIENT EGYPTIAN GARDENS

ギリシャ・ローマ時代、エジプトでは花を使って
ミイラが美しく整えられていました。
エジプト人は自分たちにとって重要な意味を持つバラなどの野生植物で、
花輪を編んでいました。哲学者テオプラストスは、
バラについてきわめて詳細な記録を残し、
エジプトにおけるバラの普及や開花時期を説明しています。

花は、古代エジプトの社会・宗教生活に広く浸透していました。宴会の食卓を飾り、客人も花で美しく装い、花を身につけたり手に持ったりして、お互いの花をほめ合いました。ぶどう酒の壺も花で飾られ、神々には花束がささげられ、いけにえのガチョウやカモメの首には花輪がかけられていました。エジプト人たちは、バラには癒しと催淫の力があると信じていて、しばしばバラを沸騰させて油分を取り出し、香油にして美容

の手入れに使っていました。葬儀や墓地やミイラ作りなどに幅広く用いられていたことからも、エジプト文明においていかにバラが重要だったかがわかります。

エジプト人にとって、バラは死後とのつながりのシンボルでもありました。彼らは、春に生まれ陽光の中で生きるバラと生命を重ねていたのです。とはいえ、現代と同じく当時も、バラはまず第一に愛の象徴でした。

古代の葬儀の花輪

　花の形で現存する最古のバラとして知られているのが、西暦170年の葬儀の花輪です。埃と砂にすっぽりと覆われてほとんど劣化せず、良好な保存状態で発見されたため、綿密に観察し、現存する植物との比較ができました。花びらが枯れないよう未開花の状態で選ばれたバラは、棺の中で乾燥することにより、しなびて球状に縮みます。これを温かいお湯で湿らせて開かせると、美しく保存されたおしべが現れるのです。ロンドンの王立植物園（キューガーデン）でこれらの花輪を分析したところ（現在でも植物標本部に数点の標本が保管されています）、確認できたバラは聖なるバラ<ruby>こと<rt>ホリーローズ</rt></ruby>ロサ・サンクタ、別名ロサ・リカルディと特定されました。葬儀や墓室の装飾に多用されていたバラです。ほかにも現在も咲き続け、ヨーロッパ各地で栽培されているロサ・ガリカも特定されました。

エジプトのファラオの遺体が正装安置され、花輪やその他の花の供え物で飾られている様子。

古代文明に残るバラの痕跡

EVIDENCE OF ROSES WITHIN THE ANCIENT CULTURES

エメット・L.ベネット・ジュニア（1918-2011年）は、
線文字Bに使われる記号を解読した学者の一人です。
線文字Bというのは、3000年以上前、
アルファベットが生まれる以前のギリシャで使われていた音節文字です。
あるときベネットは、ギリシャのピュロスで出土した銘板の調査を依頼されました。
そこで彼は、これらの銘板には、オイルの取引量やその内容が
きわめて詳細に記録されていることを発見したのです。
彼は記号を分析し、銘板に記述されている主要商品は
オイル（おそらくオリーブオイル）であり、
主に聖油や香料として使われていたとの結論を出しました。

オリーブオイルは副次的に、バラやセージやイトスギの香りをつけて使われていました。古代人がオリーブオイルで香油や軟膏を作っていたことはほぼ確実で、ピュロスやクノッソスで見つかった線文字Bの銘板で言及されているオリーブオイルは、ほとんどが香油や軟膏の主原材料として使用されていました。

18世紀の説によれば、チュヂ族と呼ばれるアーリア人の墓には、「満開のバラが描かれた」紀元前3000年の古代の硬貨が置かれていたそうですが（参考文献のフィリップスとリックスの共著書より）、その真偽のほどは定かではありません。

アンドレアス・ブルッガー《太陽の馬車に乗るヘリオス》（1777年頃）。4頭の馬に引かれたヘリオスの馬車が描かれている。ヘリオスはギリシャ神話の太陽神で、毎日太陽を乗せて、黄金の馬車で東（エチオピア）から西（ヘスペリデス）へと天翔けていた。

現在のところ、バラの描かれた最古の硬貨
は、紀元前500年のロドス島のものです。考古
学者によれば、この島の名はギリシャ神話に登
場するローデに由来するそうです。ローデは太
陽神ヘリオスに愛されたニンフで、シンボルはバ
ラ。紀元前400-80年にかけて、ロドス島はヘリ
オス信仰の中心地であり、発掘された硬貨の片
面にはヘリオスの顔、もう一方にはバラが描か
れています。

硬貨の裏と表にはそれぞれ、ギリシャ神
話の太陽神ヘリオスとバラが描かれてい
る。

「陽気に騒ぐゼウスが
　　　　　花の王を選ぶとしたら
　薔薇が選ばれて、
　　　　　荘厳に戴冠するだろう
　薔薇よ、おお、薔薇！
　　　　　この世の優美
　　　　　咲き乱れる花々を照らす光」

サッポー作とされる『薔薇の歌』より、エリザベス・
バレット・ブローニングによる英訳（1893年）

ロサ・ケンティフォリア

3

THE STORY OF THE GREEK ROSE

ギリシャのバラの物語

ギリシャ人たちも、3500万年前に始まった
バラの物語を紡ぎました。
ギリシャの庭園、芸術、詩、著作、物語に目を向ければ、
バラの存在感と力のほどがうかがえます。
植物学、医学、娯楽、儀式、そして象徴。
ギリシャ人の生活の各所で、
バラが影響を及ぼし始めます。

ギリシャ庭園の発展

THE DEVELOPMENT OF GREEK GARDENS

ここではギリシャの生活様式に注目して、
「喜び」という概念に沿って作られた庭園について考えてみましょう。
この時代、それまでの作物栽培を目的としたワンパターンで
実用的な土地区画に代わり、娯楽、運動、美のための、
自然を模倣した新たな土地の区切り方が登場します。

　　ギリシャの大詩人ホメロスの時代（紀元前1100–800年）、都市国家からなるフェニキアは、地中海地域で豊かな暮らしを実現しました。複雑かつ組織化されたこの文明は、地中海全域で植物や樹木の交易を確立し、ペルシャからエジプト、さらにギリシャやローマへの商路を開きました。庭園専門家ペネロピ・ホブハウスは『世界の庭園歴史図鑑』で、「ギリシャには6000種以上の花や樹木がある」と述べていますが、この豊かさは、いわゆる現代の「ガーデニング」の基礎でもあります。エジプトとの交易により、バ

ラが（おそらくナイル川地域から）もたらされ、マケドニアからはロサ・リカルディ、ロサ・カニーナ、ロサ・ケンティフォリアが輸入されたと考えられます。紀元前5–4世紀頃には、ロドス島で広くバラが栽培されていました。植物の輸入により、ギリシャでは、純粋に楽しみと美のために公共庭園に植物を植えるという概念が自然と起こりました。「プレジャーガーデン」とは、共同体が集まることのできる美、余暇、運動、娯楽のための公共空間なのです。

植物が植えられた庭園

　当時宮殿で使われていた陶器の装飾は、ギリシャ庭園の様子や彼らが植物を楽しんでいたことを教えてくれます。考古学者トンプソンと庭園デザイナーグリスウォルドは『古代アテナイの庭園伝説（*Garden Lore of Ancient Athens*）』で、当時の陶工たちは浮世離れした風景を好む風潮に刺激を受け、陶器に植物を描いたと述べています。植物や花の描かれた陶器は個性的で華やか。けれども、芸術方面では植物をモチーフにした陶器や絵画などが作られていたにもかかわらず、園芸についての大著が少ないのは奇異に感じられます。プレジャーガーデンの概念

をうかがわせる言及もありません。それでも、実際に神殿の庭園、噴水などに目を向ければ、彼らの園芸術が高度だったことは明らかです。

　庭園として開発された土地では、花輪、祭壇装飾、香料用の花が栽培されるようになりました。香料は、日常で使われる香水や軟膏（医療用・美容用）に用いられます。特別な植物の栽培で知られるようになった地域もあり、例えば西暦7世紀の後期ギリシャの属領キレナイカ（現在のリビア東部の一地域）は、バラ、スミレ、クロッカス栽培で広く知られていましたが、19-20世紀アメリカの地理学者エレン・センプルの『古代地中海の楽園（*Ancient Mediterranean Pleasure Gardens*）』によれば、ステップ気候の環境のおかげで、「いかなる地域の花よりも香り高かった」そうです。

ギリシャの陶器に描かれた花や植物からは、ギリシャ人の日常で植物がいかに重要だったかがうかがえる。

美術史家エリザベス・マクドゥーガルは『中世の　庭　園（*Medieval Gardens: History of Landscape Architecture Colloquium*）』において、初期ギリシャのミュケナイ文明（紀元前1600-1100年）の宮殿の庭園には植物が植えられていなかった、とする考古学の見解を紹介しています。植物は鉢に植えられて中庭に置かれていました。庭園専門家ペネロピ・ホブハウスの『世界の庭園歴史図鑑』によれば、ミノア文明（紀元前3000-1100年頃のクレタ島を中心とした青銅器文明）でも植物は鉢植えにされていたそうです。そうした植物としては、ザクロ、ギンバイカ、ユリ、アヤメ、そしてバラが挙げられます。わずかばかりの鉢が置かれた庭園と全体に植物が植えられた庭園との違いは、ギリシャ庭園と、時代が下ってさらなる発展を遂げたギリシャ文明の影響を受けたヘレニズム時代の庭園の差異を明らかにしています（ヘレニズム時代は、アレクサンドロス大王が没した紀元前323年からローマ帝国の始まりまでを指します）。ヘレニズム文化を通して、庭園は広く、壁で仕切られた楽園となったのです。この後期ギリシャ文明において、バラは一際強い存在感を放っていました。

初期のギリシャ文明では、ギンバイカ、ザクロ、バラなど日常生活に欠かせない植物が鉢植えにされていた。庭園が壁で仕切られた見事な楽園となったのは、ヘレニズム時代になってからのこと。

奥庭

　ヘレニズム時代の家に足を踏み入れると、開けた空間が広がり、柱で囲まれた奥庭になっています。ポンペイやヘルクラネウムのローマ遺跡では、こうしたペリスタイル（柱列に囲まれた庭や建物などの空間）が多用されていて、柱列や柱廊の部分には屋根がかかっているため、日光や雨風から守ります。しばしば彫像が配されたこうした庭は、家の一部とされていました。花壇には、ユリ、スミレ、バラが植えられていて、暑い季節には木や噴水がひんやりとした空気を運んでくれます。灌漑や噴水など、ギリシャ人が水の扱いに長けていたことは明らかです。

公園、神殿、都市

運動や余暇のための公共公園の設計でも、ギリシャ人の造園技術の高さが認められます。噴水や散歩道による美化の一例がアテナイのアカデメイアです。これはアテナイ郊外にある神域で、哲学者プラトンは紀元前390-380年にかけて、ここに学園を設立し、教授しました。神域はヘレニズム時代を通して存続し、暑い午後には膨大な数の樹木が巨大な木陰を作り、月桂樹やオリーブの木立、水仙、クロッカス、バラなどが、あちらこちらに伸びていました。

アプロディテ、アルテミス、オリュンポス地方のニンフたちにささげられた当時の神殿には、必ずと言っていいほど木立や植物が見られます。さらに、アンティオキア近く、アポロンにささげられたダプネの庭園は当代随一との記録もあり、辞書学者ウィリアム・スミスの『ギリシャ・ローマ地理学辞典（*Dictionary of Greek and Roman Geography*）』には、こうした神殿についての詳細な記述が掲載されています。

神殿にまつられる神々や女神は、しばしば特定の花と結びついていました。例えば、アプロディテにゆかりのある花はスミレ、ギンバイカ、バラです。各神は花で表現され、神殿周辺で崇拝される木立にも花園が加えられました。こうした「聖なる」木立は、のちのち変貌を遂げ、様々な装飾的植物が植えられて多様化していきます

が、そうした変化にもかかわらず、果樹が姿を消すことはありませんでした。ギリシャの歴史家・地理学者ストラボンは、神殿を囲む華やかな木立の様子を伝え、叙情詩人ピンダロスもアプロディテ神殿を囲む「気持ちのよい庭」について述べています。

ギリシャの花々

ギリシャ人の生活において、花のテーマはますます重要になります。哲学者テオプラストス（紀元前350-287年頃）は『植物誌』で、花輪や花飾り用に栽培されるバラなどの植物に言及しています。

1年を通して、ギリシャの祝祭や儀式では花が重視され、冬はスミレ、夏はバラ、秋は色とりどりの植物が使われていました。

フランス、フォンテーヌブロー派による絵画。ウェヌス（アプロディテ、ヴィーナスとも）が月桂樹、ギンバイカ、バラに囲まれて朝の身だしなみを整えている。

賑やかな市場の風景。ギリシャではお祭りや毎日
の生活にバラの花輪や花飾りが取り入れられてい
た。こうした花の需要は高まる一方で、スミレなど
の花売りたちがこれに応えていた。

各都市はプレジャーガーデンや植物園を造り、
個性を競いました。セレウコス1世（紀元前4世
紀末）は、アンティオキアの町を作りましたが、
桁外れの大都市で、都市計画も大規模だったた
め、大通りに沿って花をふんだんに植えたり、柱
廊や大理石のあずま屋や浴場や噴水を配置した
りすることができました。ブドウ園、バラ園、木
立の大通りは、郊外のダプネの庭園（p63参照）
に続いていて、大通り沿いにはそれぞれ個性あ
ふれる庭を備えた大邸宅が建ち、壮麗な眺めで
した。

スミレの花輪を戴く都市

アテナイは「スミレの花輪を戴く都市」と呼ばれていました。様々な花の中でも、とりわけスミレの需要は高く、花輪や花冠に多用され、お祭りや日常生活などあらゆるシーンでギリシャ人の頭を飾りました。アテナイでは花市場が開かれて、バラを含むいろいろな花が売られていました。建造物の立ち並ぶ大都市では奥庭の空間は限られていたので、こうした花市場は必要不可欠だったのです。都市は手狭なために、「近郊」の庭が膨大な花の需要を満たす一端を担いました。特にバラは重宝され、人々は移植や切り戻しを繰り返して、新芽を増やしたり、開花期間を長引かせたりしました。こうして郊外は都市を取り巻く「グリーンベルト」となったのです。

バラの花輪

バラの花輪をかぶるという行為には象徴的な意味があります。アテナイの政治家、立法者、詩人のソロン（紀元前640-560年頃）は、アテナイに道徳を取り戻す取り組みの一環として、バラの花輪に関する法令を提案しました。これは誰が花輪をかぶるに値するかを定義する法令で、処女でない女性は除外されました。無垢や純潔を象徴する花輪は、汚れを知らぬ乙女にこそふさわしいとされていたのです。ほぼ同時代、ギリシャ支配下のシチリア島北部の町ヒメラに住んでいた詩人ステシコロス（紀元前602-555年頃）は、人々はバラの花輪をかぶってお祭り騒ぎに興じていると書いています。バラの花輪は、ギリシャ神話のアプロディテの息子、愛と性欲を司る神エロスの象徴でもあり、エロスもぶどう酒の神ディオニュソスも、バラの花輪をかぶった独特の姿で描かれています。バラとお祭り騒ぎの関係は、のちのローマ時代に頂点を迎えました。

交易と輸入が盛んになるにつれ、ギリシャ人たちは花飾りや花輪用に最新の花や植物種を求めました。彼らはそれぞれの花について、どの国で最上の香りの品種が収穫されるかを把握していました。こうした新種の繁殖には、もとの生息地とは違う環境や土壌に順化させねばならず、高度な技術が必要とされます。

ギリシャの古代王国マケドニアのピリッポイの町には、パンガイオン山近くに自生していた変種から繁殖した100枚の花びらを持つバラが咲いていました。地理学者エレン・センプルが記録したある伝説は、ミダス王の園（p80参照）からもたらされた神秘のバラに言及し、「60枚の花びらと、どんな花をもしのぐ香りの野生のバラが咲いていた」と述べています。ミダス王のバラへの言及はあちこちに見られ、ロサ・ダマスケーナ・センペルフローレンスとも記述され、現在では「オータム・ダマスク」と呼ばれています。いみじくも「バラの王」の異名がついており、オールドローズとしては唯一秋に返り咲きます。一方、後世のチャイナ系とヨーロッパ系の交配により、繰り返し咲きのモダンローズが生まれたことは、科学的に証明されています。

ギリシャの書物とバラ

GREEK WRITINGS AND THE ROSE

ギリシャの大詩人ホメロスの『アルキノウスの宮殿』には、
「この世のものならぬ豊かな緑」と、
彼の思い描くプレジャーガーデン像が描写されています。
この庭には実用的な目的から栽培されている植物もありますが、
ガーデニング的な美という概念も認められます。
古典文学者ロバート・フェイグルズによるホメロスの英訳には次のようにあります。

「この地の青々とした木はいつも盛りだ。
　　ザクロや洋ナシ、
　　　　赤く熟したリンゴ、
　　甘いイチジク、
　　　　つやつやと色濃くふっくらとしたオリーブ。
これらの木の作物は決してなえることも
　　息絶えることもなく、
　　　　冬も夏も、1年中収穫が続く」

ホメロス『オデュッセイア』(1997年)より、フェイグルズによる英訳

ホメロスの時代、ギリシャではバラが栽培されていました。彼の手による抒情詩『イリアス』も『オデュッセイア』も紀元前8世紀に書かれましたが、バラについての記述は比喩に富んでいて、その美しさを夜明けの色合いに重ね、「再び彼女が姿を現した。バラと共に」と、女神アウロラが毎朝朝焼けの色と共に「天翔ける」様子を描いています。ホメロス曰く、アウロラはバラの指を持ち、空を渡りながら指からかぐわしい香りを撒いていたとか。

ギリシャ神話の神ハルポクラテスも、毎朝姿を現す太陽を表しています。ハルポクラテスの名は、エジプトの神ホルスに由来し、ホルスは夜明けと共に昇る太陽を象徴しています。ハルポクラテスは沈黙と秘密の神でもあり、この神とバ

アテナイ郊外にあったエピクロスの庭。彼はここで「エピクロス主義（快楽主義）」と呼ばれる自らの哲学体系を説いた。

ラのゆかりから、「内密に」を意味する「スブ・ロサ（ラテン語で「バラの下」の意）」の言い回しが生まれました（p78参照）。かつて人々は、食卓の上にバラを1輪置き、この部屋で話されることは内密に、のメッセージを送っていたのです。

テオプラストス

テオプラストス（紀元前371–287年）はギリシャのレスボス島出身で、植物学の研究を残したことから「植物学の父」と呼ばれました。哲学や科学にも興味を向け、重要な植物学の書を残した先駆者です。

彼はバラについてきわめて詳細な記録を残し、エジプトにおける繁殖と開花時期について説明しました。エジプトでは開花期間が長く、土壌も肥沃なため、ギリシャ人の需要を満たすだけの膨大な量の花をいかに栽培するかのヒントにもなります。

エピクロス

ギリシャの哲学者エピクロス（紀元前341–270年）は、アテナイのすぐ近くにバラ園を持っており、「エピクロスの園」と呼ばれる学園を設立しました。エピクロスはバラのおかげで高い平穏の域に達することができたのだとする著述家もいます。彼の論ずる「無秩序と政治からの隠遁、田舎に住みバラを育てる生活」という穏やかな思想は快くはありますが、彼のような裕福な市民たち好みのバラ園を造るのに、ほとんどのギリシャの町はあまりにも手狭だったことも事実です。庭が造れるくらい広い家に住む人々は、花輪用のバラを栽培し、ローズオイルを使って病気を寄せつけないようにしていました。

ヘロドトス

ヘロドトス（紀元前480-425年頃）は「歴史の父」とも呼ばれるギリシャの歴史家です。60枚の花びらを持つバラについての記述を残しましたが、それによれば、これらのバラはマケドニアのミダス王の園（p80参照）で栽培され、どんなバラよりも強い香りを放っていたそうです。彼はこのバラをロサ・ガリカないしはロサ・ダマスケーナとしていますが、八重咲きのロサ・アルバだった可能性もあります。アレクサンドロス大王（p70参照）がバラに酔いしれたのも、こうした見事なマケドニアの庭園でのことでしょう。

サッポー

ギリシャの詩人サッポー（紀元前630-570年頃、サッフォーとも）もレスボス島出身で、その詩は竪琴の音楽に乗せて歌われ、広く知られていました。生前から当代随一の詩人の一人とされ、愛、欲望、嫉妬を謳いあげました。彼女は甘美な言葉を駆使して、静謐な園について記しており（右参照）、この一文を読むだけでも、その心地よさが伝わってきます。

サッポーの詩はほんのわずかしか残っておらず、完全な形で現存しているのはたった一編、紀元前6世紀頃に記された『アプロディテへの讃歌』です。語り手は愛する人を求め、アプロディテに助けを乞います。彼女の綴った「心惑わすバラ」「花の女王」の言葉から連想されるイメージは、何世紀にもわたり数え切れないほど使われてきました。サッポーはアプロディテの神殿にバラを供え、女神に「優美なリンゴの木立」や「フランキンセンスの煙漂う祭壇」に姿を見せてくださいと祈りました。

シメオン・ソロモン《ミティリニの庭園のサッフォーとエリンナ》（1864年）。サッポーが詩人エリンナに接吻している。サッポーはアプロディテやムーサ（ミューズとも）たちを崇拝する女性グループに属していた。

「芳香漂う果樹の区画を
澄んだ冷たい泉が
ざわめきながら流れる
森の木々はさらさらと音を立て
ゆったりとした休息へと誘う」

サッポー

アナクレオン

やはりギリシャの叙情詩人だったアナクレオン（紀元前570–485年頃）は詩を通して、香り、癒しの力、神々から寄せられる尊敬の念など、バラの美しさをあらゆる角度からほめたたえました。『薔薇』と題した詩（右参照）は、究極のバラ讃歌です。

「薔薇。神と人間の甘い花
　　　　薔薇。三美神の恋人
　　ムーサの喜び
　　　ウェヌスのお気に入り
　鋭い棘に守られながらも甘く、
　　　柔らかな手に抱かれても甘い」

アナクレオン

バラを愛したアレクサンドロス大王
ALEXANDER, THE GREAT ADMIRER OF ROSES

アレクサンドロス大王（紀元前356-323年）と言えば、
戦場での武勇伝と古代世界最大の帝国を打ち立てたことで有名ですが、
植物の愛好者だったことはあまり知られていません。
大王はペルシャ征服時にバラを含む植物を集め、
インドなどの遠方からアリストテレスやテオプラストスに植物を送りました。

大王は16歳までアリストテレスのもとで学んだので、そのときに植物やバラについての知識や愛着を身につけたのかもしれません。ヨーロッパのその他の地域やエジプトに本格的にバラをもたらしたのは、アレクサンドロス大王だと言われています。

花はすでに紀元前2500年にはエジプトの壁画やヒエログリフ（神聖文字）に記され、モチーフとして多用されました。バラの最古の記録として知られているのが、ファラオ、トトメス4世の墓のヒエログリフです。

バラはエジプト神話の女神イシスと結びついていましたが、エジプト文明でバラの存在感が増した陰には、アレクサンドロス大王とギリシャ文明の影響があります。

アレクサンドロス大王はペルシャ文化の影響を色濃く受けた。この絵の中の大王は、咲き乱れる花に囲まれて、絨毯の上でモンゴル大使をもてなしている。

アレクサンドリア

エジプトのアレクサンドリアはナイル河口近くの港町で、アレクサンドロス大王による征服後、彼の名が冠されました。同じ名称の町はほかにもいくつかあります。

紀元前332年、大王はエジプトにたどり着き、ほんのわずかの間滞在しましたが、多岐にわたってギリシャ文明の影響を残しました。その表れの一つが、エジプトでバラをメジャーな花にしたことです。

プトレマイオス1世は大王の将軍を務め、ヘレニズム時代最後の偉大なる王朝プトレマイオス朝（紀元前305-30年）を共同統治した人物で、その末裔のクレオパトラの時代には、バラは流行のおしゃれな花としてもてはやされました。

クノッソスのバラの物語

THE STORY OF ROSES IN KNOSSOS

クレタ島の都市クノッソスの歴史は、古代ギリシャの時代にさかのぼります。
新石器時代、紀元前7000年にはクノッソスに
人が住んでいたことは確認されており、紀元前1700年頃には、
宮殿と都市合わせて10万人を数えるまでになりました。
主幹産業であるオイル、ぶどう酒、羊毛製造を通して島は豊かになり、
交易で栄え、周辺地域に影響を振るいました。

「歴史の父」ことヘロドトスは、クノッソス宮殿のミノス王と「海の帝国」建設の伝説を伝えています。クレタ島で栄えたミノア文明は、紀元前2700年から紀元前1450年頃にかけて最盛期を迎え、交易と文化でエーゲ海地域を支配しました。ヨーロッパ最古の文明とも言われ、当時の宮殿で使われていた陶器は、この文明の広範な影響と高度さを考古学的に裏付けています。エーゲ海諸島やギリシャ本土、キプロス島、シリアやエジプト沿岸でも、オイルや軟膏用の壺が出土しています。

歴史をひもといてみると、クノッソスは地震、征服、火山活動により一度ならず破壊されましたが、そのたびにさらに精巧かつ複雑に再建されました。1878年、現地のアマチュア考古学者ミノス・カロカイリノスが父の所有地で遺跡を発見したのをきっかけに研究が進み、緻密に作り上げられた迷宮、宮殿の間取り図、コンパクトな町、繊細な陶器、壁画のある家々が発掘されました。現在ではクノッソスがミノア文明と文化において重要な役割を担っていたことがわかっています。

最古のバラの絵

　さらに発掘が進むと、バラがギリシャ人の生活の一部であったことが判明します。イギリスの考古学者アーサー・エヴァンズ卿（1851–1941年）が、世界最古のバラの絵「青い鳥」を発見したのです。これは紀元前1550年頃のもので、「フレスコ画の邸宅」で見つかった壁画です。卿は壁画について次のように述べています。

「左側には、古代芸術において
　　初めて描かれた
　　　　　　野バラの茂みが認められる。
　背景の一部は真紅、一部は白で、
　　上部の岩のアーチから、
　　　　（バラが）さらに渦巻くように垂れている。
　花は金色がかったバラ色で、
　　　　中央はオレンジ色、
　　　真紅の斑が散っている。
　画家は5枚ではなく6枚の花びらを描き、
　　　葉はイチゴの葉のように
　　　3枚のものがグループ状になっている」

アーサー・エヴァンズ卿
『ミノス宮殿（*The Palace of Minos*）』（1902年）より

「青い鳥」（紀元前1550年頃）。クレタ島ミノス宮殿発掘中に、「フレスコ画の邸宅」で見つかった壁画。鳥、アヤメ、ユリ、バラが描かれている。

ロサ・プルヴェルレンタはクレタ島で見つかった原種で、ピンクの花を咲かせる。中央が淡い色で、松に似た優しい匂い。当時生息していたとされるバラの記述やミノス宮殿の場所とも一致する。ロサ・グルティノーサとも呼ばれる。

花びらの問題

　1900年に始まったアーサー・エヴァンズ卿によるクノッソス発掘は35年間続き、宮殿のかなりの部分が復元されて、千年以上かけて進化した宮殿の規模や複雑な建築が明らかになりました。クノッソスはクレタ島最大の青銅時代の遺跡です。

　誰もが、青い鳥<ruby>ブルーバード</ruby>の壁画を描いたのは誰か、何を参考にして描いたのかと思うことでしょう。前述の通り、古代の宮殿に庭園はなかったようです（p61参照）。つまりこのバラは、鉢栽培されていた可能性が高いのです。「イシスのバラ（*The Isis rose*）」の記事によれば、学者たちはクノッソスにはバラは生息しておらず、シリアとの交易によってクレタ島にもたらされたと考えています。

　アーサー・エヴァンズ卿と共同研究を行ったイギリスの植物学者C. C. ハースト（1870-1947年）は、これは5枚の花びらを持つバラであるとし、「アビシニア（エチオピアの旧称）、エジプト、小アジアの聖なるバラ<ruby>ホリーローズ</ruby>に酷似している」と論じました。聖なるバラはロサ・サンクタ（現代での名称はロサ・リカルディ）と同定されています。

　壁画がスイスの美術専門家エミール・ジリエロン（1851-1924年）により修復されると、「花びらの数の問題」は一層複雑になります。アーサー・エヴァンズ卿の案内のもと壁画を検分したジリエロンは、壁画には黄色い6枚の花びらの複数のバラや、さほど鮮明ではないが、くっきりと脈模様の入ったピンク色の花びら5枚のバラが1輪描かれていると述べたのです。ロナの論によれば、この脈模様はガリカ・ローズに特有だとのことです。

　一方、ハーストの未亡人ロナは考古学者兼植物学者で、1964年のクレタ島訪問後、このバラの種類について議論を再開しました。彼女は亡夫の同定の根拠とは異なる考古学的証拠を示して、バラには6枚の花びらがあると主張しました。

　さらに4つ目の意見も出ました。1974年、ミノア文明の壁画を検証した研究者マーク・キャメロンは、同じ6枚の花びらの花でも、茶色い脈模様がある葉とない葉があると述べたのです。キャメロンはこれらの花を、ロサ・カニーナと同定しました。

　どの論文も、壁画がバラを描いた最古の絵であることは認めています。しかし、これがロサ・サンクタか、ロサ・ガリカか、ロサ・カニーナかについては意見が分かれ、さらに庭園史家ジェニファー・ポッターは著書『バラ（*The Rose*）』において、ロサ・ルビギノーサに近いロサ・プルヴェルレンタであると主張しました。

ギリシャにおけるローズオイルの重要性

THE IMPORTANCE OF ROSE OIL TO THE GREEKS

ギリシャ文明でローズオイルは特別な位置を占めており、
オイルのためだけのバラ栽培も行われていたのではないかと考えられます。
当時のローズオイルは蒸留法ではなく（蒸留法はもっと後のことです）、
アーモンドやゴマやオリーブなどのオイルに花びらを浸けて抽出されていましたが、
この抽出法には、膨大な量の花びらが必要とされます。

治療や埋葬でローズオイルが用いられていたことは、古代ギリシャの抒情詩『イリアス』第23巻にも記されています。それによれば、親友パトロクロスをヘクトルに殺されたアキレウスは復讐心に燃え、ついに仇を討ちました。ヘクトルの遺体はアプロディテによりローズオイルを塗られ、防腐処理が施されました。アプロディテ自身、昼も夜も、「ローズオイルで肌を綺麗にしていた」そうです。

哲学者テオプラストスは、いくつかのバラに関して、花びらの枚数、茎の強さ、色、香りを記録しました。彼によれば、花びらが5枚のものもあれば、12枚、20枚、さらにたくさんのものもあり、もっとも香り高いものはキュレネ（紀元前631年にリビア東部に建設されたギリシャの植民都市）のバラで、香水作りに使われていたとか。またエジプトにおけるバラの繁殖や開花についても触れていて、なぜエジプトで大量のバラが栽培されているのかを説明しています。

ローズオイル用の変種

　ローズオイル用にどの変種が栽培されていたのかについては、様々な推論が飛び交っています。大プリニウス（西暦23/24-79年）は『博物誌』を記したローマの著述家、博物学者、哲学者ですが、彼もテオプラストスも著書の中で、ギリシャのバラには100枚の花びらがあると記しています。この記述から、これはロサ・ケンティフォリアを指しているではないかとの推測が生まれました。ケンティフォリアは「キャベッジローズ」とも呼ばれ、17世紀から19世紀にかけてオランダのバラ育種家たちにより栽培されましたが、その最古の記録は1318年頃なので、大プリニウスやテオプラストスのバラがケンティフォリアを指すのかどうかには、異論の余地が残ります。

柱のようなヤシの木の姿にヒントを得たアラバストロン（鉱物アラバスターを彫った容器）。古代ではオイル、特に香水やマッサージオイルを入れるために使われていた。この壺はパレルモの絵付師1162（紀元前480年頃）のものとされる。

古代書物の中のバラ
EXPLORING ROSES
IN ANCIENT TEXTS

バラについての言及はさらに続きます。
古代ギリシャの叙情詩人イビュコスは神話の美少年エウリュアルスをたたえ、
少年は女神アプロディテによって「バラの花と共に育てられた」と述べています。
クロリスと西風の神ゼピュロスをめぐる神話によれば、
クロリスは森のニンフの亡骸を花に変え、
これにアプロディテが美を授けて「ローザ（バラ）」と名付け、
愛を司る息子エロスにささげ、ぶどう酒の神ディオニュソスは芳香を、
三美神は魅力、喜び、輝きを授けました。
神の伝言役で空に虹を描くイリスはバラから色を借り、
女神アウロラは夜明けの空をバラの色で染めたそうです。

エロス

　別の物語にはエロスが登場します。彼は母アプロディテの奔放さが世に知られないようにと、バラをハルポクラテス（沈黙の神）に贈って沈黙を手に入れました。こうしてバラは秘め事と結びつけて考えられるようになったのです。別の話では、エロスはバラの前で立ち止まり、その美しさ

と香りを楽しもうとかがんだところ、蜜を集めていたハチに刺されてしまいました。母アプロディテのもとへ行き、痛みを訴えると、仕返しにハチをやっつけなさいと「魔法の矢」を渡されます。エロスがこの矢を放つと、バラに刺さりました。バラの棘はエロスが放ち損ねた矢なのです。
　ギリシャ神話では、エロスとプシュケが結婚し、これを喜んだゼウスが、すべてのものに「バラと

ラファエル前派ジョン・ロッダム・スペンサー・スタンホープ《愛と乙女》(1877年)は、エロスとプシュケの神話をもとにしている。この2人は永遠の愛の象徴。

共に輝くように」と命じたとか。だからバラはあちらこちらに繁殖し、散在しているのだと言われます。エロスはローマ神話ではクピドと呼ばれ、翼が生えたいたずらっ子ですが、ぶどう酒の杯を倒してしまい、ぶどう酒の神バックス（ギリシャ神話のディオニュソス）の近くにこぼしてしまいました。そこからバラの茂みが現れて、ウェヌス（アプロディテ）の美のシンボルとされたそうです。

ローダンセとバラの木の女王

世界各地の自然にまつわる神話や伝説を集めた本『不思議な庭園(*The Wonder Garden: Nature Myths and Tales from all the World Over*)』の中の『バラの木の女王』は、バラの茂みの誕生にまつわる話です。コリントにローダンセという名の女王がいました。ローダンセは「バラの花」を意味します。あまりに美しい彼女は3人の男性に求婚されますが、彼らのしつこさに辟易（へきえき）して、狩りを司る処女神アルテミス神殿に逃げ込みました。神殿にいた人々も彼女の美しさに目をみはり、アルテミスの代わりにローダンセを崇拝するようになりました。アルテミスの双子の兄弟アポロンはひどく腹を立てて、ローダンセをバラの茂みに変えてしまい、求婚者3人にも罰が下されたそうです。

「彼女の体は茎に、
頭は大きな薄赤バラに変えられました。（中略）
3人の求婚者はミミズ、ハチ、蝶になりました」

フランシス・ジェンキンソン・オルコット『不思議な庭園』（1919年）より

ミダス

ギリシャ神話のミダス王は、極上の香りのバラで埋め尽くされたバラ園を所有していました。ミダスが触るものすべてが黄金に変わってしまうという有名な逸話にも、バラが登場します。あるとき、ミダスはディオニュソスの友人シレノスが酔っていたので、回復するまで休ませてあげました。ディオニュソスがお礼に願いをかなえてあげようと言うと、ミダスは「自分が触るものすべてを黄金に変えてほしい」と頼みます。新しい力に有頂天になったミダスがオークの枝や石を触ってみると、両方とも黄金になりました。家に帰って庭のバラに手を触れると、バラも黄金に変わりました。アメリカの作家ナサニエル・ホーソーンによるミダスの話では、バラが硬くなり香りもしなくなったので、ミダスの娘はずいぶんと腹を立てました。ミダスが娘をなぐさめようと触ったところ、娘も黄金に変わってしまったそうです。

別の話では、ペルセポネとニンフたちが野で

花を摘んでいたところ、冥界の王ハデスが現れ、ペルセポネをさらってしまいました。彼女が摘んでいた花はクロッカス、スミレ、アヤメ、ユリ、ヒエンソウ、そしてバラ。現代のフラワーアレンジメントでは、これらの花を使って象徴的なギリシャ風のブライダルブーケを作ります。その名もずばり、ペルセポネブーケです。

ハリー・A.ペイン《プロセルピナの庭で》(1893年)。デメテルとゼウスの娘ペルセポネは、美しい春の女神。

ある恋の物語

　愛、美、歓喜、情熱、生殖の女神アプロディテとバラは切っても切れない関係にあります。アプロディテを表すシンボルはギンバイカ、ハト、スズメ、ハクチョウ、そしてもちろんバラ。アプロディテの恋人リストには、たくさんの男性が名を連ねていました。

　アプロディテにまつわる伝説は、バラに象徴される愛の相反する性質を描いています。すなわち白バラに象徴される純潔と純真、赤いバラに象徴される性的情熱と欲望です。ある話では、アプロディテが怪我を負った美少年アドニスに駆け寄ったときに、白バラの棘で皮膚がすりむけてしまい、血がバラの茂みに滴って、花を赤く染めたとか。白バラから赤いバラへの変化は、純潔や純真さが豊穣と母性に変容するさまを描いているのです。

赤いバラは豊穣と
母性のシンボル。

「アドニスの脇腹から血のしずくが滴るごとに、
彼女は真珠のような涙を流しました。(中略)
血のしずくから鮮やかな赤いバラが伸びました。
アネモネとバラはこうして生まれた、
と古いギリシャのお話は伝えています」
フランシス・ジェンキンソン・オルコット(1919年)

アドニア祭

アドニア祭はアドニスの死を悼む儀式で、古代ギリシャで毎年晩春から初夏にかけて女性により行われ、このためだけに、花や植物が特別に栽培されていました。

哲学者テオプラストスによれば、儀式に向けて栽培されていたのは主に鉢植えのレタスやフェンネルですが、いくつかの鉢ではバラも育てられていたそうです。どれもあっという間に成長しますが、暑気に当たるとしなびて死んでしまいます。つまり、葬儀にふさわしいシンボルなのです。

祝祭の間、アテナイの女性たちは踊り、歌い、屋上で弔いの儀式を挙げます。儀式が終わると、鉢の植物を摘んで、通りに出ます。こうしてしなびた「庭」を手に、小ぢんまりと葬列を組んで歩き、儀式の一環として植物の残骸を海に葬っていました。

「この世界で
　　悲惨さと喜びは
　　　　同じ形をしている。
バラも、
　　開いた心のようにも見えるし、
　　　　傷ついた心のようにも見える」

ミール・ダルド

ギリシャ神話や様々な物語ではバラが頻繁に登場し、その象徴的な役割が繰り返し語られます。バラは美の象徴であると同時に、喜び、始まり、悲劇そして死をも表しています。赤いバラは情熱、白バラは純潔、薄赤バラはお世辞、と多様な心の動きのシンボル。イスラム神秘主義スーフィズムの詩人ダルド（1720-85年）の言葉にも、そうした広範な象徴性が現れています（左参照）。

「乾ききって真っ白な、
　果てしない苦しみの
砂漠の中で、
　私は正気を失い、
　このバラを見つけた」

ルーミー（1260年頃）

ロサ・ガリカ・プルプレア・ヴェルティナ・パルヴァ

4
THE ROMAN ROSE OBSESSION
バラに魅入られたローマ人

ローマ時代の生活様式に目を向けると、
ギリシャの影響のほどがうかがわれます。
紀元前8世紀、ギリシャ人たちが南イタリアやシチリア島に
居住するようになると、バラへの熱狂も伝わり、
生活に取り入れられました。
ギリシャ人はバラを愛しましたが、ローマ人は熱愛します。
ギリシャ人がバラを使って行ったあらゆることを、
ローマ人はさらに広く徹底的に応用しました。
彼らはバラの花輪をかぶり、バラを使って料理をし、
バラを用いて様々な化粧品、軟膏、オイル、薬を調合し、
バラのクッションに横たわり、壁にバラを描き、神話でバラを語り、
バラで水に香りをつけ、バラを使って客を窒息死させ、
バラと共に死者を埋葬していました。

ローマにおけるバラ栽培

ROMAN CULTIVATION OF ROSES

ローマでは芸術、庭園、祝宴、儀式、建築、
日常生活の中でバラが重宝されていました。
そのあまりの偏愛ぶりに、バラの需要は激増します。
ではこれらのバラはどこから来ていたのでしょう。
そしてどのように育てられていたのでしょう。

　記録によれば、当時バラは中東やエジプトで栽培されていたようです。これらの地域ですでにバラを含む植物が手広く栽培されていたことは前述の通りで、ギリシャ・ヘレニズム時代以降、バラがヨーロッパにもたらされました。

　ローマ人は庭園を発展させ、栽培法について多くの資料を残しました。寡黙なギリシャとは対照的に、独自の繁殖方法や、商業用栽培に関するアドバイスなど、バラに関する情報が広範に普及し、個人の庭や屋上やバルコニーでさかんにバラが栽培されるようになります。ポンペイの壁画や列柱庭園にもそうした光景が描かれています（ポンペイについては後述）。各自が栽培することで、花輪や花飾り用のバラの安定供給に

つながり、バラを追求した結果、町から悪臭や疾病が駆逐され、料理や化粧品でも使われるようになります。

バラ栽培に関するローマ人の記録

　当時の学者はバラの栽培法について多くの書物を残しています。かつてギリシャの著述家たちが打ち立てた基礎に従って、ローマ人たちがバラを一段階高めた、という見方もできます。

マルクス・テレンティウス・ウァロ
（紀元前116-27年）

　初めに登場するのは、ローマの学者・著述家

マルクス・テレンティウス・ウァロです。同時代人に大きな影響を及ぼした彼は、紀元前37年に発表した『農業論（*Res Rusticae*）』において「付随的に農業について論じたギリシャの著述家は50人以上に上る」とし、それぞれに信憑性があると論じています（ラテン語でRusticaeは「農業」あるいは「田園の事物」の意）。

ウァロはこの書を含む多数の著書でバラを論じ、郊外の商業用花園についても見解を述べました（右参照）。『農業論』はなかなか愉快で、農業や耕作に関する自身の経験や観察などは、どこかユーモラスです。

ウァロの機知あふれる人生についてまとめたアメリカのメーン州有機栽培生産者および庭師団体（Maine Organic Farmers and Gardeners Association）の資料によると、彼は妻フンダニアから「あなたももう若くないのだから、農業の知識をまとめるべき」と言われ、「80歳にもなると、人生を去る旅に備えて荷物をまとめよとの声が聞こえてくる」と考えたとか。そんな彼も90歳まで生きました。

私も祖母ヘレンと過ごした時間を振り返ると、まるでウァロが隣に座っていて、お茶を飲みながら、詩を朗読するような穏やかな口調でガーデニング経験を語ってくれているような気がします。ウァロに発破をかけてくれたフンダニアにはお見事というほかありません。

「郊外では大規模に
植物を栽培し、
スミレやバラや、
都市が消費する
その他たくさんの植物を
育てるのが適切だ。
市場へのアクセス手段が
一切ない遠方の農園で
同じことをするなど、
無駄もはなはだしいからである」

ウァロ『農業論』（紀元前37年）

ウェルギリウス（紀元前70-19年）

　ウァロの影響を受けたウェルギリウスは『農耕詩』で、パエストゥムの「再生する」バラ園について述べています。彼にとってバラは簡素な生活を保つためのものであり、単に手入れの行き届いた庭園ではなく、栽培と自然主義的なものの見方とのバランスを重視しました。彼は庭仕事について次のように語っています。

コルメラ（西暦4-70年）

　バラ好きはさらなる情報を求めてコルメラに頼りました。ローマの地主で農業についての著作を残した彼は、大プリニウスと同じく、バラの持つ宗教的な面を評価しました。彼の『農業論（*De Re Rustica*）』第10巻には次のように記されています。

> 「彼はまず春にバラを集め、
> 　　秋にはリンゴを集めた。
> そうすれば
> ハチの群れがどこよりも
> ここに最初にやってきて、
> ローマ人の唯一の甘味料である
> 貴重なハチミツを
> 　　もたらしてくれるから」

ウェルギリウス『農耕詩』（紀元前29年）より

> 「奥ゆかしい紅色が
> 　　散らされたバラは、
> 　　　　乙女のような瞳を見せ、
> 神々の神殿で畏敬の念を表し、
> その香りは古代シバの香煙と
> 　　香しく交わる」

コルメラ『農業論』（1564年訳）より

小セネカ（紀元前4-西暦65年）

　『自然研究』において小セネカは、バラが「強制家屋」で温水を使って栽培されている様子を述べています。彼はローマ皇帝ネロ（西暦37-68年）の師であり、影響を及ぼしました（p90参照）。

　コルメラはこの書の中で、「農夫の1年の周期」について語り、2月はバラの新苗を植えて古株の手入れをする時期だと述べています。3月には土を耕し、遅咲きのバラの苗を準備します。「バラの木はスミレと同じ時期に植えねばならない」など栽培や剪定に関するヒントがちりばめられており、ウェルギリウス同様コルメラも、花を咲かせてハチを引き寄せる低木の一つにバラを挙げています。

「庭のあぜ溝の間にまかれた
　　　白ユリは美しい姿で、
　　ナデシコ
　　（カーネーションあるいは同属のダイアンサス）も
それに劣らぬほど純粋な色合いだ。
　赤や黄色のバラ、紫のスミレ、
　　　空のように青いヒエンソウもある。
　コーリュキオンやシチリアの
　　　サフランの球根も植えられ、
　　　ハチミツの色や香りを引き立てる」

コルメラ

小プリニウス（西暦61-113年）

　大プリニウスの甥で小プリニウスことガイウス・プリニウス・カエキリウス・セクンドゥスも、バラについて考察した学者です。その溺愛ぶりは一族共通で、庭師を対象に、バラの植栽と繁殖について細かく記述しました。一方、大プリニウスは百科全書的『博物誌』で、気温の上昇がバラの早期開花に有利に働くと述べています。

パラディウス（西暦4世紀後半-5世紀）

　時代が下り4世紀になると、ルティリウス・タウルス・アエミリアヌス・パラディウスが『農業論（De Re Rustica）』と題した14巻に及ぶ農業・園芸書を記しました。その中で彼は、温水を使った早期開花法を紹介しています。彼の著作にも、ウァロやコルメラの影響が認められます。

　彼のアドバイスを忠実に実行すれば、きっとこうした目にも快い花園になることでしょう。1年中喉から手が出るほどバラを欲していたローマ人にとって、彼の著作はとても貴重だったはずです。

バラを求める皇帝たち

ローマ皇帝、とりわけネロとヘリオガバルス（西暦203～222年頃）は膨大な量のバラを求めました。そのため大規模なバラ栽培施設が、プラエネステ（現在のローマ南東のパレストリーナ）やナポリ北のレポリア（ナポリの約20キロメートル北にあったとされる地域）、南のパエストゥム、エジプトのナイル川デルタ周辺、チュニジアのカルタゴに設立されました。カルタゴはローマ交易の中心地で、大きな影響力を誇っていました。

第3章（p65参照）には、秋に返り咲くバラが登場しましたが、この「再生」するバラは2度咲きする「オータム・ダマスク」を指していると考えられます。「オータム・ダマスク」はまず春に咲き、次いで秋にまばらに咲きます。ほとんどのバラが年に1度しか咲かない中、2度咲きのバラは重宝されたことでしょう。「再生」するバラは、2つのバラを指すとも考えられます。1つは温室で栽培されたり温水を使ったりしてシーズン初期に人工的に開花するバラ、もう1つはより遅咲きのバラで、こうすることで開花期が長くなります。あるいは、同じタイプのバラを時期をずらして植え、一部は早期開花させ、一部は遅らせることで、開花期を長引かせていた可能性もあります。

大プリニウスが言及したバラの中には、プラエネステで栽培され、シーズン後期に咲いて大変な人気を誇ったロサ・ガリカと、レポリア周辺で栽培され、白く香りのよい花を咲かせるカンパニアのバラことロサ・アルバの一品種が含まれます。やはりこの地域原産の「100枚の花びら」のバラは、かつては誤ってロサ・ケンティフォリアとされましたが、現在ではロサ・ダマスケーナと同定されています。

こうしてイタリアではバラが大々的に栽培され、学者たちも記しているように、秋に開花するよう様々な方法が実施されていましたが、それでも供給は需要に追いつきませんでした。そのため、エジプトやカルタゴからバラを輸入していましたが、西暦89～90年の秋には、南部のパエストゥムで大量のバラが収穫されたため、ナイル川デルタから輸入する必要はなかったと記録されています。しかし、ローマ人がバラを大々的に栽培したということは、すなわちトウモロコシ生産が減少したということであり、ホラティウス（紀元前65～8年）も『歌集』の中で次のように書いています。

「おお、ナイルよ。
今やローマのバラは
汝らのバラよりもずっと
見事ではないか
汝らのバラはもういらぬ。
トウモロコシを送るがよい」

ホラティウス『歌集』より

'セルシアーナ'はパリの高名な苗木専門家M. F. セル
スにちなんで命名された。オランダからこのバラをも
たらしたのは、セルスだとされる。香り高いダマスク・
ローズは人気が高く、この変種は時間と共に、白がだ
んだんと淡くなり、2色になる。

ローマのプレジャーガーデン

ROMAN PLEASURE GARDENS

ローマ人は農法を進化させ、装飾を目的として植物を栽培するようになります。
とりわけバラは儀式用に育てられる一方、
古代ラティウム（現在のヴァティカン市やローマを含む地域）では、
果物や野菜が生産されていました。
政治家カトー（紀元前234 – 149年）は、すべての農園において
家屋の近くで花壇栽培や景観用樹木を育てるよう提案し、
紀元前160年頃に記した『農業論（*De Agri Cultura*）』で、
「家屋近くには、花飾りのための庭園を造るように」と指示しています。

のちに著述家コルメラは『農業論』第10巻で、広大な土地に広がる庭園を描き、花について、「大地の星たちよ（中略）、スミレは瞬くような瞳を（中略）、奥ゆかしい薄紅色のバラは乙女の頬を見せ、ツノゲシの生き生きとした実と蒴果は、すり抜けようとする眠りをすばやく捕まえる」と記しました。

こうした農園ではたくさんの果物、野菜が栽培されていましたが、新たに花も加わって、生産者により大きな利益をもたらしました。花飾りはいつの時代も人気の的で、かつては葉を数珠上に編んでいたのが、時代と共に花冠が定番になります。時が経つにつれローマの生活様式はより華美になり、花への需要も高まりました。花飾りは神殿に供され、祝宴ではバラが卓上に置かれて、訪問客にはバラの冠が贈られました。

ローレンス・アルマ＝タデマ《グローカスとニディア》（1867年）。エドワード・ブルワー＝リットンの小説『ポンペイ最後の日』（1834年）にヒントを得た作品で、ニディアは愛するグローカスのために花輪を編んでいる。

ローマの叙情詩人ホラティウスは、「祝宴にバラを欠かしてはならぬ。みずみずしいパセリも、枯れやすいユリも欠けてはならぬ」と書いています。彼の記述からもわかる通り、花の栽培が道楽となって農作物の栽培に取って代わり、そのためローマの家庭菜園でも花が続々と栽培されて、美しい光景が出現しました。彼は、バラが「刹那と衰退の象徴となった」とも述べ、顕示欲を嫌いましたが、ローマ人の家庭、宗教、儀式において花飾りは重要な要素であり、出産、結婚、死など節目の儀式を飾りました。花飾りのためのバラ栽培は、道楽を退けるホラティウスよりもウェルギリウスの描くのどかな光景に似つかわしく、古代の著述家たちは農業論を通して農夫たちに、装飾専用のバラなど様々な花を栽培するよう呼びかけたのです。

ローマ時代のガーデニング

　イタリアではプレジャーガーデンが流行し、他地域から腕のよい庭師がやってきました。ローマの知識層はバラへの偏愛を思う存分に発揮し、農園の庭を荘園やヴィッラ（別荘）へと変えました。ポンペイのディオメデス荘や、ローマの南のラウレントゥムの小プリニウスの庭はその一例で、小プリニウスの庭についての書簡には、ヒッポドローム（競技場のような設計で、ギリシャ時代に馬を用いる競技に使われ、ローマ時代にはキルクスと呼ばれた）を囲む小道についての言及があり、「さらに進むと、（奥まって日当たりのよい環状の小道に）バラがあり（中略）、足を踏み入れた訪問者はバラ園を見渡すことになり、園から香りが漂ってくる」と書かれています。

　小プリニウスの詳細な記述は、ローマのプレジャーガーデンの特徴を伝えており、エジプトやギリシャの庭園から、家と庭をつなぐ整然とした設計パターンへの進化がうかがえます。庭園におけるバラの存在は、ローマ文化におけるこの花の重要性を物語っています。典型的なヴィッラでは、長いポルティコ（柱廊玄関）があり、クスュストスと呼ばれるテラス（運動のための空間や小道）に続いています。ここはたいてい芝生に覆われ、スミレ、クロッカス、ユリ、バラが咲き、外縁部分にはツゲや低木が直線状に植えられて、空想的な形に刈られています。低木の周りには大理石の鉢や噴水が配されています。こうした庭園の風景は、ローマの北のプリマ・ポルタのリヴィア荘やポンペイの庭園の壁画に描かれています。クスュストスは散策のための回廊に囲まれ、さらにその外側には木陰の差す乗馬用の道があります。

　ローマの裕福層は熱に浮かされたように、庭園、隠れ家、ヴィッラを造りました。ローマの偉大なる政治家・演説家の一人であるキケロ（紀元前106-43年）は、都市生活と地方生活という対照概念に固執し、18もの荘園を所有していた時期もあります。都市のプレジャーガーデンは拡大し、ローマは緑の環状線に囲まれました。こうした荘園の庭園はそれ自体が一つの研究テーマに値します。エステ荘（ヴィッラ・デステ）の建つティヴォリ、アルドブランディーニ荘の建つフラスカティ、バルベリーニ荘の建つローマには、かつてハドリアヌス帝、ローマの政治家ルクッルス、ネロ帝の名高い庭園がありました。

赤いバラの異なる開花段階を描いた絵。ポンペイの「黄金の腕輪の家」の壁画には、つぼみ、咲き始め、満開の花が描かれている。棘もはっきりと見え、ほかにも月桂樹、ポピー、マリーゴールドなどの植物がある。

ローマ人の愛したバラ

ROSES: A FAVORITE ROMAN FLOWER

ローマ人の生活で、バラは様々に使われました。
イタリアの草原は「広大な栽培場に変貌を遂げた」、とホラティウスは語っています。
都市の役人たちは、バラは大量飲酒につながると危惧しました。
バラの販売は大きな利益をもたらすため、
大金を手にしたバラ売りたちがアルコールに走るというわけです。
農民は切り花を荷カゴ一杯に詰めて市場で販売し、大きな利益を上げ、
「ぶどう酒にすっかり酔って、ふらつきながら、
ポケットにたくさんの現金を入れて」家に帰りました。

　ローマ人のバラの溺愛ぶりは、様々に脚色されて語られています。クレオパトラの愛人だったかのカエサルは、バラの冠をかぶって薄毛を隠したと言われていますし、ローマ出身のシチリア総督ガイウス・ヴェレス（紀元前120-43年頃）は、地方を旅するときにはバラの花びらの入ったクッションに座っていたとか。政治家キケロは国民の税金で賄われていた総督の豪奢な生活ぶりに眉をひそめ、彼のバラの冠やクッションを批判しました。こうした豪勢な使い方とは対照的に、あまり入浴しない民衆が体臭を隠すためにバラを使っていたとの話も伝わっています。

バラに覆われた飾り船でマルクス・アントニウスと会うクレオパトラを描いたローレンス・アルマ＝タデマの作品（1883年）。彼女は花やエキゾティックな香りで満たされた壮麗な船に乗り、使用人にかしずかれ、黄金の装飾に囲まれている。

クレオパトラと恋とバラ

　クレオパトラ7世(紀元前69–30年)は大広間の床や玉座の間にバラを敷き詰めて、マルクス・アントニウス(紀元前81–30年)を迎えたとの話は、彼女のバラへの偏愛ぶりを物語っています。ローマ人が祝宴や祝祭に大量のバラを好んで使うようになったのは、この話がきっかけかもしれません。作家ソニア・デイは『野生の庭 (*The Untamed Garden: A Revealing Look at Our Love Affair with Plants*)』で、クレオパトラを「史上もっとも有名なパーティーガール」と呼んでいます。

　クレオパトラとマルクス・アントニウスの不朽の恋物語の鍵となるのがバラ。クレオパトラは恋人が自分のことを忘れないよう、奴隷に命じて、名高い飾り船の帆をローズウォーターに浸し、海風に乗って芳香が漂うようにしたそうです。

豪勢（で破滅的）なバラの使い方

　バラに命を奪われるなど誰が想像したでしょう。バラを使った桁外れな贅沢ぶりは、すでに西暦1世紀初頭に見られます。残酷なことで知られる皇帝ネロは、祝宴で開閉式の天井から招待客の上にバラの花びらを雨あられと降らせる流行に火をつけました。著述家リチャード・ウェブスターの『愛の魔法のシンボル（*Magical Symbols of Love*）』によれば、ネロはたった1度の祝宴のために、バラに400万セステルティウス（約1300万ドル）もの大金をつぎ込んだそうです。彼のバラへの妄念は衰えることなく、別の祝宴のバラには600万セステルティウス（約1950万ドル）を費やし、別の宴では200万セステルティウス（約650万ドル）をつぎ込んで、ナポリ近くのバイアの海岸をすっぽりとバラで覆わせました。屋根からバラの花びらを降らせるために、自らいくつもの設計を考案しては楽しんでいたとか。「こうした伝説的などんちゃん騒ぎのために幾百万もの花びらが必要とされ、長椅子の上で『かぐわしい過ち』を少々楽しんだ招待客たちは、芳香を放つ攻撃の重みに耐えかねて窒息してしまった」と伝わっています。何という死に方でしょう！

　『変容』を記したルキウス・アプレイウス（西暦124-170年）は、「ウェヌス（ヴィーナス）（中略）はぶどう酒で潤い、体中にはきらめくバラが巻きついていた」とネロの宴の場面を描いています。第11巻ではエジプトの女神イシスが登場し、魔法でロバの姿に変えられた主人公ルキウスに「祭りの行列で神官がかぶるバラの冠の花びらを食べるように」と伝えて、ルキウスは人間の姿に戻りました。

　もっと後の時代になると、14歳前後で即位したローマ皇帝ヘリオガバルスは、大宴会を催して治世の始まりを祝おうと考えました。彼は招待客が注意散漫にならないよう全員を宴の間に閉じ込めて、バラの花びらを3度も降らせたとか。これは皇帝自身のアイディアによるものですが、語り草になるような宴が実現できて、さぞ満足だったことでしょう。あまりにもたくさんの花びらが降ってきたために、その重みで窒息した客もいたほど。皮肉なことに、ローマ時代には葬儀でもバラが多用されていました。

　こうした異常ぶりは批判を呼びます。ローマの元老院議員だったカトーは道徳を重んじた政治家で、小規模紛争のたびに軍人がバラの花輪をかぶったりしていては、勝利の意義が薄れてしまうと述べました。ローマの歴史家タキトゥス（西暦56-117年）も、バラの価値の低下に危機感を抱いた一人です。彼は「皇帝ウィテッリウスは、死体が転がる北イタリアのベドリアクムの戦場に現れた。月桂樹とバラが彼の通る道にまかれた。あたかも勝利の栄光は皇帝にあるかのように」と書いていますが、実際にはウィテッリウス（西暦15-69年）は戦いには参加せず、結局は敗北を喫しました。勇気や大胆さのシンボルとしてのバラは次第に衰退し、虚報の色合いを帯び、その価値を失っていくことになります。

『クオ・ヴァディス（*Quo Vadis*）』（1910年頃）
の挿絵《ネロの宮殿での宴》。ネロは酔狂か
ら、莫大な金額を費やして花冠やバラを友人
たちに贈った。彼の宴の間の天井には板がしか
けられていて、これをスライドすると客の上に
花が降ってきた。

ヘリオガバルスのバラ

　ローレンス・アルマ＝タデマ（1836–1912年）の《ヘリオガバルスの薔薇》は、若きローマ皇帝ヘリオガバルスのエゴを描いた作品です。18歳で暗殺されたこの皇帝はその人間性も生涯も、ローマ史上最悪の烙印を押されました。

　アルマ＝タデマはローマの生活や華美さを表現した画家として知られており、《ヘリオガバルスの薔薇》では、数百万枚ものバラの花びらで窒息死する宴の客たちを描いています。この絵のヒントとなったのが、『ローマ皇帝群像』と題した伝記集で、天井の板がスライドしてスミレが落ちてくる様子が記されています。この話が本当なら、おそらくヘリオガバルスは皇帝ネロを真似たのでしょう。

バラと宴と酒

　バラ・ぶどう酒・歓楽の結びつきはローマ帝国最盛期にさかのぼります。どんちゃん騒ぎの間、人々はバラの冠をかぶって頭を冷やし、「古くなったぶどう酒」の匂いを和らげていました。バラの天井画や彫刻は秘密の象徴で、酔っていてもしらふでもこの部屋で交わされた言葉は内密に、を暗示していました。

　西暦4世紀末、ローマの首都は形骸化し、帝国内の都市が台頭します。ローマの詩人であり皇帝の教師、友人だったデキムス・マグヌス・アウソニウス（西暦310-395年）は、政界から距離を置き、バラを愛でました。「バラのつぼみは摘めるうちに摘め」の名言は、彼のものとされており（ウェルギリウスの説も）、広く知られる古典的詩『芽吹き始めたバラ（De Rosis Nascentibus）』は、麗しいパエストゥムのバラ園を想起させます（右参照）。洗練された知識人、政治家だったアウソニウスのことですから、彼の庭にもプリニウスの時代のように薔薇が咲き誇っていたことでしょう。古代ローマの庭園には、ロサ・ガリカ、ロサ・フォエニケア、ロサ・ダマスケーナ（パエストゥムのバラ）、ロサ・モスカータ、ロサ・カニーナ、そしておそらくロサ・ケンティフォリアが咲いていたと考えられます。

「しずくのついたバラが

　　　　　　きらめいているのを目にした。

　パエストゥムの薔薇のように。（中略）

　この1日は、バラの一生に匹敵する1日だ。

　はかない若さと

　　　　　短い若さは隣り合わせ。（中略）

　だがそれでよい。あと数日もすれば

　バラは朽ちるが、再び姿を現して、

　　　生き永らえる。だから少女よ、

　バラは盛りのうちに、そなたの若さが

　　　　　色あせないうちに摘むがよい。

　命は急き立てられるように

　　　　　過ぎていくと心せよ」

　　　　　　　　『芽吹き始めたバラ（On Budding Roses）』
　　　　　　　　（1921年）より、ヒュー・G.エヴリン・ホワイトによる英訳

ローレンス・アルマ＝タデマ《ヘリオガバルスの薔薇》（1888年）。細かな筆致で、膨大な量の花びらが描かれている。招待客たちが天井から降ってくるバラの花びらに押しつぶされて窒息死する様子を、若く無節操な皇帝が眺めている。

バラの保存
PRESERVATION OF THE ROSE

ナポリ郊外ポンペイやヘルクラネウムの遺跡は、
ローマ人たちのバラへの熱中ぶりをうかがわせます。
西暦79年、ヴェスヴィオ山が噴火し、
付近に住んでいたローマ人たちの生活がそのまま閉じ込められ、保存されました。
火山の堆積物がたまり、ポンペイの町は約4メートルの深さ、
ヘルクラネウムの町は6.4–7.6メートルほどの深さに埋まりました。
ヘルクラネウムでは堆積物が深く積もったため、家屋の上階も保存されました。

ポンペイの「黄金の腕輪の家」の北側の壁画の一部。鳥、花、月桂樹、緑が噴水を取り巻いている。

小プリニウスから歴史家タキトゥスに宛てた手紙には、こう書かれています。

「伯父のような
　　　　優れた学者にとって、
　これ（ヴェスヴィオ火山の噴火）は
　驚異的で、研究に値する現象です。
　伯父は灯台船を
　　　　準備するよう命じて、
　私にも来たければ
　　　　来るがよいと言いました。
　しかし私は、自分の研究を
　　　　　　続けると答えました。
　実際のところ、
　伯父は研究に値する課題を
　　　　提案してくれていたのですが」
書簡6.16より、E.M.マッカーシーによる英訳

家屋についてはわずかに記述が残っており、バラなどの花が描かれた壁画について言及されています。「貝殻のウェヌスの家」の主（あるじ）は庭を愛するあまり、地震後には家よりもまず庭の修復に着手したそうで、壁画にはハト、噴水、花が描かれていました。「果樹園の家」には様々な種類の樹木が描かれており、庭にはバラが咲いていたと言われます。「黄金の腕輪の家」には保存状態のいい壁画が残されていて、鳥やバラのある庭の風景が描かれています。一般的な家の列柱に囲まれた中庭には、花壇、栽培用の鉢、噴水、水盤、彫刻が配されていました。「ヴェッティの家」はその好例です。

大プリニウスの死

西暦79年8月25日に起こったヴェスヴィオ火山の噴火で、大プリニウスはこの世を去りました。庭園専門家ペネロピ・ホブハウスは『世界の庭園歴史図鑑』の中で、博物学の巨匠、バラの大家だった彼の『博物誌』は既知の自然界を扱った百科全書的集大成であり、中世を通じて知識の一大事典だった、と述べています。

ローマのバラづくし

庭園史家ジェニファー・ポッターは著書『バラ』で、バラで埋め尽くされたポンペイやヘルクラネウムの町の様子を描いています。ありとあらゆる花や野菜が庭で栽培され、壁画に描かれ、花飾りや花輪に使われていました。この本の中でポンペイの考古学者ウィルヘルミナ・ジェイシェムスキー（1910–2007年）は、「鋭い感性のイタリア人が、いかにしてヘレニズム様式の列柱に囲まれた中庭を『生きた、呼吸する庭』に変えたか」を説明しています。考古学者たちが発見した「ヘラクレスの庭の家（「香水職人の家」とも。大運動場の西側に隣接）」の商業用花園では、香り高いユリ、スミレ、バラのほか、花を漬け込むオイル用のオリーブが栽培されていました。

この2つの町では、庭師たちが薬や花輪用に植物を育てており、「恋人の家」の庭で

はバラ、ネズ、アルテミシアなどの花々が咲き乱れ、「香水職人の家」の庭でも、バラ、スミレ、アヤメ、オリーブの木など香り高い植物が見つかっています。

ローマ時代のバラの使い方

　ギリシャ人同様、ローマ人も様々な種類のバラを薬として用いました。プリニウスは西暦77年に、バラには収斂作用があるとして、32の薬用方法を紹介しました。バラはどの部分にも効力があり、頭、耳、口、歯茎、扁桃腺、胃、直腸、子宮の疾患に効きます。樹液は耳、歯茎、扁桃腺の洗浄、頭痛、胃痛の治療に用いられ、酢と混ぜると、不眠、嘔吐、熱に効きます。プリニウスはバラを使った治療についての記述の中で、バラの冠には「高い回復効果があり」、ぶどう酒による「頭痛」を軽減するとし（ポッター『バラ』における引用）、パセリ、ツタ、ギンバイカ、バラには酔い覚ましの作用があると述べています。

　花びらを焦がしたものは、化粧品や擦り傷の治療に、粉状にすりつぶしたものは、目を冷やすのに用いられました。花は安眠をもたらし、月経症状を和らげ、飲み物に浸すと内臓疾患や出血に効くとされました。乾燥した種子は歯痛や胃の病気を抑え、利尿作用があり、乾燥した花びらは制汗パウダーになり、虫こぶ（植物組織の異常発達でできる突起物）を油脂と混ぜたものは薄毛に使われ、ロサ・カニーナの根は恐水病（狂犬病）の治療に用いられました。その香りは「脳をすっきりさせる」効果があると記されています。

ビンに香水を注ぐ若い女性を描いたローマ時代の壁画。ローマ、ファルネジーナ荘。西暦10年頃。

伝説や装飾の中のバラ（やスミレ）

ROSES (AND VIOLETS) FOR LEGEND AND ADORNMENT

古代ローマで、バラは若さ、美、欲望、豊穣を表し、死者の装飾にも用いられ、
ギリシャ神話同様ローマ神話にも繰り返し出てきます。
ローマ神話には、ギリシャ神話の神や女神に相当する神々が登場し、
ギリシャ神話の多くの話がローマ時代にも語り継がれました。

古代ローマでは、5月はフロラリアと呼ばれる祝祭の季節。これは毎年行われるお祭りで、花、豊穣、春の女神フローラをたたえていました。ラテン語で「フロス（flos）」は花を意味しますが、「ローズ」という単語自体がフローラに関係していると言われています。クピドの矢に射られたフローラは、エロス（クピドのギリシャ名）の名を呼びましたが、あまりの痛みに「エロス」ではなく「ロス」と口にするのがやっとでした。そのため、「ローズ」という言葉はエロス／クピドと結びつけられるようになったとか。

フローラは多くの芸術作品に登場し、しばしばバラと共に描かれます。ボッティチェッリの《プリマヴェーラ》では、命をもたらす春の女神クロリス（フローラ）は、地にバラをまいています。この作品には500種の植物、190種の花が認められ、細やかな筆致でのどかな風景が描かれています。

死と再生を表現するバラ

バラは死と再生を表していました。ロサリア祭（あるいはバラの飾りを意味する「ロサティオ」、バラ飾りの日を意味する「ディエス・ロサティオニス」とも）の主役はバラ。通常5月のお祭りですが、7月中旬に祝われることもあったようです。こうした祝祭では、春の花と死の儀式が結びついていました。スミレが用いられることもあり、一層長い間春をたたえることができます。早咲きのスミレは祝祭の季節の始まりを告げ、やや遅く咲くバラは幕を引きます。ロサリア祭はさらにアドニス、バックスなどの神々と結びつき、他の宗教や追悼の儀式にも取り入れられました。

ロサリアエ・シグノルム

ローマには軍人のためのバラ祭り、ロサリアエ・シグノルムもありました。軍旗にバラやスミレの花飾りがあしらわれ、戦死者を追悼するのです。花は生と死を、スミレやバラの色は流された血を象徴しています。

ボッティチェッリ《プリマヴェーラ》（1482年頃）。女神フローラを取り巻くのは500種もの植物。190種の花も描かれている。

ローマでは死者の栄誉をたたえる習慣があり、墓所には花が飾られていました。ローマの宗教習慣では、バラは神の像や尊いものに供えられ、こうした供物はロサティオと呼ばれていました。バラはエジプトの女神イシスと結びつき、ローマではナヴィギウム・イシディスと呼ばれる祝日にこの女神への敬意を表します。海を司る女神をまつり、海の旅人たちとローマ人の安全を願うこの祝祭は、紀元前1世紀に始まり、西暦416年まで続きました。

ローマ帝国でキリスト教が国教になると、世俗の花祭りは退けられ、バラはウェヌス（ヴィーナス）と結びついているため、望ましくないとされました。

バラはローマ市民の生活にとって不可欠な花でしたが、死の場面にも欠かせませんでした。遺体は花で飾られ（これをロサリアと呼ぶ）、墓所で食事会が開かれました。裕福なローマ人は大金をかけて、食料、ぶどう酒、お香、果物、あらゆる種類の花（特にスミレとバラ）をお墓に供え続けました。

ポンペイなどローマ時代の墓地はたいてい都市との往来が激しい道路沿いに位置し、植物が植えられたり、庭園が併設されていたりしました。ローマの詩人アウソニウスの記した墓碑銘（右参照、美術史家トインビーによる引用）で述べら

「私の灰には純粋なぶどう酒と、
香り高いスパイクナードオイルを
かけてください
真紅のバラのバルサムも
終わりなき春を
楽しむのですから、
骨壺を涙でぬらさないでください
私は死んだのではありません。
姿が変わっただけなのです」

J. M. C. トインビー（1996年）

れている通り、バラはあの世と交信しています。

ギリシャ時代、葬儀に用いられていたバラは、ローマ時代には死と結びつけられ、裕福な市民はしばしば遺言状で墓所の花の飾り方を指示しました。バラ装飾や墓地での集会のために何年もかけて積み立ててきたお金を使って、毎年バラを飾らせ（朽ちることのないロサリア）、永遠の魂がバラによって表現されました。トインビーの著書には次のような墓碑銘も引用されています「ここに、献身ゆえに高められた幼子オプタトゥス眠る。彼の灰がスミレとバラにならんことを」

花飾りの使い方

　バラやスミレは死や喪を表すだけでなく、花飾りとして、どんちゃん騒ぎや淫靡な快楽の場面を飾りました。ラテン圏でスミレとバラの組み合わせは、屈託のない快楽を暗示しています。紀元前のローマの儀式では、初咲きのバラを水に浸し、ウェヌス・ウェルティコルディア（心変わりの女神）に供えて、冬の終わりを祝っていました。こうして浄められた者たちは、新たな季節の快楽に浸ることができるのです。

　ギリシャ人もローマ人も普段から花輪や花飾りをまとい、特に祝祭では多用していました。ローマでもっとも一般的だったのがバラやスミレの花飾りで、婚宴から酒宴まで様々な場面で使われていました。ギリシャ小説『ダフニスとクロエ』（西暦2世紀）では、バラやスミレが咲き乱れるプレジャーガーデンが登場します。

バラと神の結びつき

　神々や女神と結びついたバラは、卓越したシンボルでもあります。アプロディテはローマ神話ではウェヌスと呼ばれますが、やはりバラとゆかりがあり、とりわけその誕生にまつわる話はとても有名です。ウラノスは空の父で、妻のガイアは大地の母でした。2人はたくさんの子どもに恵まれますが、ウラノスはいつの日か子どもたちが自分に歯向かうのではないかと恐れるようになりました。そこで彼は子どもたち全員を大地、すなわちガイアの子宮の中に閉じ込めておくことにしました。ガイアは怒って、ウラノスを殺すための鎌を作り、子どもたちを解放しようとします。息子の一人クロノスが好機をとらえてウラノスを去勢し、性器を海に投げました。するとそこからアプロディテ／ウェヌスが生まれたのです。詩人アナクレオンは、彼女は海の泡から湧き出たとしています。

　15世紀のボッティチェッリの作品《ヴィーナスの誕生》はこの場面を描いており、海の泡が落ちた地面から淡いピンク色のバラが伸びているのが見えます。1480年代中頃の作品と考えられるこの絵で、女神ウェヌスは成人として出現し、海岸に立っています（ギリシャ語ではこの場面は「ウェヌス・アナデュオメネ（海から現れたウェヌス）」と呼ばれ、ティツィアーノの作品のタイトルにもなっています）。ウェヌスは数え切れないほどの作品に登場しますが、バラと共に描かれることが多く、この女神が愛と美を司っていることを示しています。

　バックスとクピドをめぐる話には、クピドが背中の翼でぶどう酒の入った杯を倒してしまう場面があり、こぼれたぶどう酒からバラの木が生えたとされます。バラは美の象徴として、ウェヌスにささげられました。

ボッティチェッリ《ヴィーナスの誕生》(1485年頃)。海の泡から生まれ、西風の神ゼピュロスとクロリス(フローラ)が彼女に向かって風を吹いている。岸辺に向かう女神にごく淡いピンク色のバラが降り、季節の女神ホーラが衣を持って待っている。

「美が軽く触れ、
　　心が涙に向かって開くと、
　　　　聖なる澄んだ時間がやって来る。
天に愛されし者が
　　そっと地上にやって来る時間
　　　　バラが花開く時間だ」

ルーミー作とされる一節、
ハズラット・イナヤット・カーンによる解釈（2011年）

ロサ・レウカンタ・ロワズルール

5

RELIGION AND THE ROSE

(4–1500 CE)

宗教とバラ（西暦4–1500年）

人文主義的ギリシャ人にとって、
木立やバラは神の化身でしたが、
初期キリスト教徒はこれを異端と考えました。
そのため、田園風景の中になぐさめや美を見出したり、
ウェルギリウスやプリニウスが描くような、
自然の景色を愛でたりする習慣は途絶えてしまい、
さらに灌漑システムや都市庭園など
ローマ文明の遺産もほとんど忘れさられてしまいます。
庭作りを楽しむという概念を受け継いだのは、
キリスト教の修道僧や修道女。
彼らにはバラを育てるだけの時間も感性もあったのです。

初期キリスト教におけるバラの園

EARLY CHRISTIAN ROSE GARDENS

ロサリア祭とは対照的に、初期キリスト教徒は
祝祭にも墓地にも花を飾りませんでした。
こうした習慣は異教の神話と関連するため、
キリスト教世界では失われてしまいます。
バラ、特に花冠や花飾りに編まれたバラには、
泥酔、性的快楽の追求、偶像崇拝、
口に出すのもはばかれる異教の習慣のイメージがつきまといました。

キリスト教徒の著述家テルトゥリアヌス（西暦
155-240年頃）や初期キリスト教神学者アレク
サンドリアのクレメンス（西暦150-215年頃）は、
花飾りや花冠の着用を好ましくないと断じました。
しかし4世紀頃になると、人々はこうした意見に
耳を貸さなくまります（右参照）。

　幸いなことに中世の学者たちには、ローマ時
代のウァロやコルメラや小プリニウスの園芸手引
きや、ウェルギリウス『農耕詩』の自然描写など、
様々な資料が残されました。書物の中の叙述、
破損を免れた壁画、修道僧や修道女を描いた
キリスト教の図像作品（唯一のビジュアル資料）
などばらばらの資料を集めてみると、新たな、よ
り安定した世界の庭園像が浮かび上ってきま

キリスト教徒の詩人
　プルデンティウス（西暦348-405年頃）は、
「大胆にも仲間たちを招き、
　全能の神の声がいつの日にか
　よみがえらせる骨を
　スミレや緑で覆って、
　かぐわしい香りで取り巻いた」そうです。
サミュエル・B. パーソンズ（1819-1906年）
『バラの上のパーソンズ（Parsons on the Rose）』より

す。こうした庭園像は、中世の様子やどの
ような植物が栽培されていたのかを教えて
くれる、豊かな記録なのです。

西暦800年代には、プレジャーガーデ
ンは人々の記憶からほとんど消えてしまい
ましたが、中世から1500年頃にかけて、広
い範囲でバラの重要性が増していきます。西
暦700年代に、南フランスの庭園でバラが栽培
されていたこともその一例です。

一方、カール大帝（西暦742-814年）は西
暦800年にローマ皇帝に即位し、「ヨーロッパの
父」と呼ばれ、広く影響を及ぼした人物ですが、
バラの利用を促進し、領内の庭園ではバラを重
点的に栽培すべしと記しました。皇帝は多様な
植物を求めていて、御料地令（カール大帝
時代に発布された行政命令で、帝国内での栽
培対象となる花や草木を列記した一覧表が収録
されている）には次のように書かれています。

カール大帝はフランスでバラ園について
の概説を残した最初の人物。彼の植物
一覧は多数の草本植物や、17種の樹木
や低木を含み、ロサ・カニーナも挙げられ
ている。

中世の園芸や植物一覧を研究した歴史家ジョ
ン・ハーヴィー（1911-97年）は、当時「バラ」と
いう言葉は多義的に使われていたと指摘しまし
た。つまり、一種類以上のバラが育てられてい
たと考えられます。

聖ベネディクトゥス（彼も高名なバラ園を所有し
ていました）の教えを守るベネディクト会の修道
士や修道女は、アルプスの向こうのイタリアから
庭園の概念を取り入れた最初の一団です。唯
一現存する当時の資料としては、スイスのザンク
ト・ガレン修道院の庭園の図面がありますが、非
常に保存状態がよく、具体的な庭園設計が確認
できます。それによれば、16個の花壇、ハーブ
や薬用植物、ユリ、バラの栽培用の実用的な
区画もあり、さらに「ホルトゥス（Hortus）」（ラテ
ン語で「庭」の意）と呼ばれる18個の花壇では、
バラをはじめとするいくつもの植物が、祭壇装飾
用に育てられていました。

「（領内の）庭園ではあらゆる種類の植物、
すなわちユリ、バラ、フェヌグリーク、
ヨモギギク、セージ、オキナヨモギ、
キュウリ、カボチャ、ウリ、
インゲンマメ、クミン、ローズマリー、
キャラウェイ、ヒヨコマメ、カイソウ、
グラジオラスなどの栽培が望ましい」

御料地令（西暦771-800年頃）より

宗教の中の生命力あふれるバラ

THE RESILIENT ROSE
IN RELIGION

四隅を壁で囲まれたペルシャの庭園は、隠遁や成就を暗示し、
内部には曼荼羅がデザインされています。
曼荼羅はヒンドゥー教や仏教文化において、
象徴的な役割を担う幾何学的模様です。
「楽園（パラダイス）」という言葉は、庭や公園の
囲いを指すアヴェスター語（ゾロアスター教の経典に用いられた言語）の
単語から来ていて、中世のバラ園にも
こうした楽園の理想を模した壁が四隅に配されていました。

　12世紀までに発展を遂げた庭園には、エデンの園にまつわる標準的なイメージが映し出されています。修道院の庭にはバラ園が造られ、フランスの神学者・詩人アラン・ド・リール（1116–1202年）は、これを地上の楽園と呼び、「永遠の春の場、決してしおれることも枯れることもないバラと共に輝いている」と述べました。

　イスラム教徒にとってのイスラム式庭園がそうであるように、キリスト教徒にとっても「ホルトゥス・コンクルスス（hortus conclusus）」と呼ばれる閉じた庭は聖なる意味を持っていました。イスラム教でもキリスト教でも、理想化された庭園の根源は地上の楽園あるいはエデンの園にあります。象徴的な種まき、閉じた庭や修道院の中庭での栽培は、天国、神の愛、ロマンティックな愛の比喩なのです。庭園ではバラが広く育てられ、調薬に用いられたり、シンボルとして使われたりしました。赤いバラはキリストの血を、白バラは無原罪の御宿り（人間が生まれながらに負っている原罪を聖母マリアは負っていないとする考え）の純粋性を象徴しています。

ギリシャやローマではスミレとバラが重用されていましたが、中世ではユリとバラが中心となります。ウァロ、カトー、コルメラ、パラディウスらローマ人は園芸方面に影響を及ぼしましたが、それももとはと言えば、彼らの著した手引きや文書が離散し、修道院に残存したからです。庭園は、中世の人々の生活で重要な位置を占めていました。修道院の小さなエデンの園で、修道僧たちは自然の美しさに寄せて喜びを表現しました。シトー会修道士ギルバート・オブ・ホイランド（1100-72年頃）は、豊かな風景は「死にゆく魂を生き返らせ、信仰にも無感動な頑なな心を和らげる」と述べています（エリザベス・マクドゥーガル『中世の庭園』より）。

　初期の修道院は、治療と癒しの性格を帯びた共同体へと変化していきます。とりわけ有名なのが、聖ヒルデガルトことヒルデガルト・フォン・ビンゲン（1098-1179年）で、1150年にルペルツベルクに、1165年にアイビンゲンに修道院を設立しました。ドイツにおける自然史の祖と考えられ、「地球は人類を支える。これを傷つけてはならず、破壊してはならない」との言葉は、気象変動に向き合う現代の私たちにとって、とても説得力に富んでいます。彼女は著書において植物分類を確立し、装飾用植物、自然植物、有益な植物に分けました。また、多くの薬草利用法を詳細に記す一方で、装飾用植物としてバラ、白ユリ、スミレ、アヤメ、月桂樹を栽培しました。

マルティン・ショーンガウアー《バラの茂みの聖母》（1473年）。閉じたバラ園を背景にした聖母像は、当時の典型的テーマ。幅広の赤いバラがマリアを囲み、純潔を象徴する1輪の白バラがすぐ横に描かれている。

宗教の世界におけるバラのシンボル

ROSE SYMBOLISM IN A RELIGIOUS WORLD

キリスト教の暦は様々な植物を取り入れ、
各修道院では植物を手入れする人が求められました。
庭園史家シルヴィア・ランズバーグは『中世の庭園 (*The Medieval Garden*)』で、
「こうした植物としては、クリスマスには月桂樹、ヒイラギ、アイビー、
イースターにはイチイ、シュロのように持ち歩ける垂れさがったハシバミの花穂、
5月にはカバノキの大枝、6月のキリスト聖体の祝日には
花冠や花飾りを編むためのバラやセイヨウクルマバソウ、
殉教者の祝日には白ユリと赤いバラが挙げられる」と書いています。

聖母マリアとバラ

　キリスト教が普及するにつれ、人々は植物や花のシンボルを排除するよりも、取り入れる方が容易であると気づきます。植物学者ハロルド・モルデンケの『聖母の中世の花 (*Medieval Flowers of the Madonna*)』によれば、アイビーはキリスト教以前のぶどう酒の神バックスの伝説と結びつ

装飾写本は頭文字、枠線、挿絵など装飾的要素で美しく飾られている。このCの文字はバラで飾られている(アランデル手稿より)。

いており、ヒイラギや古代ケルトのユールログ（クリスマスの丸太に相当）は初期ドルイド（ケルトの神官）の儀式で用いられましたが、イングランドのキリスト教はこの3つすべてを取り入れました。バラはローマ神話の女神ウェヌスやスカンディナヴィアの女神フレイヤにささげられた花ですが、現在ではマリアにゆかりのある花とされています。

19世紀までに、聖母マリアは古代イスラエル王ソロモンに「愛されし」女性と見なされるようになりました。旧約聖書の『雅歌』には植物の比喩が見られ、「わたしはシャロンのばら、谷のゆりです」（『雅歌』2章1節）との一節もあります。体内で何ものかを育むマリア自身が園であり、神のみに対して肥沃なマリアは、囲われた（閉じた）園なのです。フィリッポ・リッピの《玉座に就く聖母子と二天使》（1440年頃）に描かれたバラを手にしたマリアの姿は、彼女が神の花嫁であることを示しています。

花と聖母の結びつきは、すでにその数世紀前に確立していました。5世紀のキリスト教徒の詩人コエリウス・セドゥリウスは、聖母を「茨に囲まれたバラ」と呼びましたが（『カルメン・パスカーレ（*Carmen Paschale*）』II、28-31）、これは聖母とバラを結びつけた初めての解釈と考えられます。かつてのローマで女神ウェヌスにささげられたバラは、今や聖母マリアの花となりました。ただし、ベネディクト会修道士ベーダ・ヴェネラビリス（西暦673-735年）はユリをマリアと結びつけ、その白い花びらは彼女の純潔を、金色の葯（おしべの一部。花糸の上端にある）は彼女の魂の

輝く光を表していると記しています。ベルナール・ド・マントン（1020-81年頃）は聖母マリアについて「謙虚さのスミレ、貞淑のユリ、慈悲のバラ、ギレアデの乳香（ギレアデは旧約聖書に出てくる地域で、ギレアデの乳香はキリスト教において重要な象徴）、天の国の黄金のナデシコ」と謳っています。ロサ・カニーナは何度も登場し、赤いバラ全般は殉教者の血を表すようになりました。

マリアの園

棘のないバラの茎はマリアの処女性を表しています。当時、バラの花飾りを身に着けることが許されたのは処女だけで、聖母マリアはたびたびバラに囲まれた姿で描かれました。ミケリーノ・ダ・ベソッツォの《バラの園の聖母》もその一例です。一方、世俗の吟遊詩人や詩人たちは、バラを現世の恋の象徴と位置付け、この概念は現代に至るまで続いています。

7世紀になるとスペシャルティ・ガーデン（あるコンセプトに特化した庭園）が発達し、聖母マリアを象徴する植物が栽培されました。こうした庭園はマリアの園（あるいは聖母マリアの園）と呼ばれ、人々は教会だけではなく庭園でもマリアを崇拝できるようになりました。専門誌ザ・ハーバリストの記事によれば、庭師の守護聖人フィアクル（西暦600-670年）は、フランスの貧困者収容所にある聖母のための庭園の手入れに生涯をさげたと言われます。マリアの園は、こうした庭園をモデルとしているのかもしれません。

ミケリーノ・ダ・ベソッツォあるいはステファノ・ダ・ヴェ
ローナ《バラの園の聖母》（1425-35年頃）。伝統的な
「ホルトゥス・コンクルスス」（囲まれた庭）のテーマは、
ここではバラによる囲い込み（聖母の処女性の象徴）
により表現され、聖母子とアレクサンドリアの聖カタリ
ナ（キリスト教の聖人、殉教者）を引き立てている。

歴史家ウィリアム・ジョンストンは『修道院制度辞典（*Encyclopedia of Monasticism*）』で、研究の結果、イングランド、ノーウィッチ小修道院の1373年の会計記録で言及されている「マリアの園」は、修道院の伝統的バラ園だったと結論づけています。

奇しきバラ <ruby>ロサ・ミスティカ</ruby>

　奇しきバラとは、大天使ガブリエルがバラを編んで3つの花輪を作ったという話に由来し、マリアを指す言葉となりました。赤いバラはマリアの悲しみ（神話ではギリシャ神話の女神アプロディテの悲しみ）、茨の冠をかぶらされたキリストの血（神話では美少年アドニスの血）を表しています。一方、白いバラはマリアの喜びのシンボルです。キリスト教と異教徒の神話の登場人物は近似しており、書簡集で有名なペルルシウムのイシドールは西暦440年に「異教徒の大いなる母（アプロディテ）と、我々の大いなる母マリアは、より心して区別しなければならない」と警告を発しました。

　シャロンのバラ、バラの花飾り、バラの花輪、至聖なるバラの園の女王、謙遜のバラ（ロサ・プドリス）など、バラにちなんだマリアを指す呼び名は多数あり、ロレトの連祷（あるいは祝されし処女マリアの連祷）と呼ばれるキリスト教徒の祈祷では、マリアを奇しきバラと呼んでいます。「棘のないバラ」はエデンの園に最初に咲いたバラであり、マリアの純潔の象徴です。キリスト教の言い伝えによれば、バラの棘は、アダムとエヴァがエデンの園から追放されたときに生えてきたとか。すなわちマリアは第2のエヴァなのです。聖書を題材にした抒情詩『カルメン・パスカーレ』は、赤と白の象徴を取り上げ、マリアとエヴァを比較しています。

「マリアはバラである。
　　怪我を負ったエヴァは棘であり、
　　万人の心を和らげる
　　　　マリアはバラである。
エヴァは万人を
　　死に縛りつける棘であり、
　　マリアは万人に
　　　救いをもたらすバラである。
マリアは処女ゆえに
　　白バラであり、
　慈悲深いゆえに
　　　赤いバラであり、
　肉体は白く、魂は赤であり、
　美徳を育むゆえに白く、
悪徳を踏みつけるゆえに赤であり、
感情を純化させるゆえに白く、
肉体を克服するゆえに赤であり、
　神を愛するゆえに白く、
　隣人への哀れみゆえに赤である」

セドゥリウス『カルメン・パスカーレ』
（西暦430年頃）より

シュテファン・ロッホナー《薔薇垣の聖母》
（1440–1442年頃）。象徴的な赤いバラと白バ
ラが混じっている。

賛美歌の中のバラ

　旧約聖書には次のような一節があります。
「エッサイの株から一つの芽が出、その根から一
つの若枝が生えて実を結び、その上に主の霊が
とどまる」（『イザヤ書』11章1節）。この若枝は
バラであり、マリアを表しています。15世紀のイ
ングランドの賛美歌では、バラはイエスとマリア
の結びつきの堅固な象徴でもあります。

「イエスを身ごもったバラのように
　　かような美徳を備えたバラはない
　ハレルヤ
　　この小さなバラの中に
　天の御国と地が包まれている
　　　何と素晴らしきことかな」

『かような美徳を備えたバラはない
（There Is No Rose of Such Virtue）』
（1420年頃）から

有名なクリスマスキャロル『エサイの根より』は、ドイツに伝わる歌『*Es ist ein Ros entsprungen*』が英語に翻訳されたもので、1599年に出版されました（『純潔のばら』とも）。この歌の英訳の一節には「バラが咲いて、子をもたらした」とあり、茎が伸びて開花につながることから、エサイ（旧約聖書のダヴィデの父。彼の子孫からメシア／救い主が出ると言われている）の木の根（つる）と神とをつなぐのがマリアであることを示しています。このため、マリアはしばしば神秘のバラ、隠されたバラ（神秘とは隠れている状態をも意味する）、全人類にとっての完璧な花とされています。神学者ジョン・ヘンリー・ニューマンも、著書『黙想と祈り』の中でこうした象徴を用いています（下参照）。

「マリアは精神世界における
　　　最上の美を備えた花だ。(中略)
　　彼女は霊的な花の女王であり、
　　　それゆえにバラと呼ばれる。
　　バラはあらゆる花の中でも
　　　もっとも美しいのだから」
ジョン・ヘンリー・ニューマン（1893年）

ノートルダム大聖堂のバラ窓

12世紀以降、町々では壮麗な大聖堂が空へ向かって建築され、多くのバラ窓が設置されました。バラ窓とは色とりどりのステンドグラスで装飾された、曼荼羅のような円形の窓で、その多くがマリアにささげられています。

中でももっとも広く知られているのが、フランス、シャルトル大聖堂のもので、1225年にさかのぼります。大聖堂は聖母マリアにささげられており、その姿は大聖堂西端（西は女性を象徴する方角）の有名なバラ窓に描かれています。幼子イエスを抱いたマリアが中央に座り、周りを天使、ハト、預言者、王たちが囲んでいます。窓の下の床にはラビリンス（迷宮）が描かれ、窓と床の模様は完全に一致しています。中央部分はロゼット（円花飾り）と呼ばれます。

バラをめぐる著述家たち
WRITERS OF ROSES

アルベルトゥス・マグヌス（1200-80年頃）は
中世でもっとも偉大なる哲学者・神学者とされ、喜びをもたらす空間、
中世のプレジャーガーデンを叙述した最初の人物です。
バラを含む理想のプレジャーガーデンの何たるかについての記述は、
彼が熱心に学んだアリストテレスや
その他のローマ時代の学者の影響の表れと考えられます。

「芝生には、ヘンルーダやセージ、
バジルなど様々な甘い香りのハーブや、
スミレ、オダマキ、ユリ、バラ、アヤメなどの
あらゆる種類の花を植える」

アルベルトゥス・マグヌス『植物について
（De Vegetabilis et Plantis）』（1260年頃）より

法学者ピエトロ・デ・クレセンツィ（1230/35-1320年頃）は、1306年の『田園の利点について（Liber ruralium commodorum）』の第8巻で、1260もの「中規模庭園」を取り上げ、プレジャーガーデンについて考察しました。彼は過去の書物を剽窃したとされますが、それでも「今一度、塀で仕切られ、果樹、茨、バラ、つる植物などの垣根で隔絶された庭園に目を向けてみよう」と呼びかけるこの本が、ルネサンス期やその後の時代に至るまで重要な農業・園芸書であったことは事実です。

中世において、バラ園はロマンティックな逢瀬の場でもありました。『薔薇物語』は聖母マリアにささげられた最初の近代小説ともされますが、ここでのバラは2つの事物を表しています。一つは悦楽、美などを擬人化した女性たちで、それ

『薔薇物語』（1490–1500年頃）に描かれた悦楽の園（ホルトゥス・デリキアルム）。青い衣裳を着た恋人は、庭園の外にいる姿と、庭園に入る姿で2度描かれている。

それにちなむバラが出てきます。もう一つは女性のセクシュアリティです。壁に囲まれた園はこの作品にも出てきます。

　『薔薇物語』をもとにフランドルの祈祷書の工房で制作された絵画作品には、15世紀の貴族のプレジャーガーデンが描かれており、水が湧き出る噴水、格子状に分割された庭園、一段高くなった花壇、座るのにちょうどいい芝生、柵に沿って伸びるバラが見えます。格子に這わせたバラ、装飾的に刈り込んだ植物、ハーブ、木陰の腰かけなどの中世の要素は、何世紀にもわたり庭園に配され、現代の小さな庭でも多用されています。

　聖母マリアの象徴の歴史は長く、「神のバラの園」と呼ばれ、ダンテの『神曲』（1308–1321年頃）天国篇（23歌73-74歌）には、「神の名

はバラにおいて受肉する」と書かれています。バラの象徴を用いたもっとも有名な作品は、ダンテの『新曲』に寄せてフランスのギュスターウ・ドレが描いた、天上のバラの挿絵でしょう。絵では、ダンテと最愛の女性ベアトリーチェが天国に立って天上のバラを眺めており、無数の天使や聖人が描かれています。天国篇の30歌に出てくる永遠のバラは黄金です。31歌では、雪よりも白いバラが謳われており、無限かつ永遠のバラは天国を、花びらは魂を、香りは神のとこしえの天国を表しています。この作品において、奇しきバラは神の愛の象徴なのです。

バラと聖人たちの物語

伝説によれば、イエスの12弟子の一人聖トマスは、マリアのよみがえりを信じられないまま、彼女の墓に向かいました。しかし墓を開けてみると、ユリとバラだけが残されていました。西暦258年に殉教した聖キプリアヌスや西暦400年代初頭の聖ヒエロニムスはバラをたたえ、殉教者たちが天の国で与えられる報いの一つに数えています。

音楽の守護聖人聖セシリアは、自分は神に純潔をささげたと主張して、夫婦生活を退けた西暦3世紀のローマの殉教者です。彼女の夫はその証拠を探しにアッピア街道へ向かいますが、戻ってみると、セシリアがバラとユリの冠を持った天使と話しているのを目にします（下参照）。

4世紀の聖ドロテアは処刑前に法律家テオフィロスから、信仰があるなら天の園の証を立てるがよいと言われます。死を目前に控えた彼女は天使に頼み、天使は3つのリンゴと3輪のバラの入ったカゴをもたらし、若き法律家は天の園の宝を目にしました。

6世紀、バラ園（イル・ロゼト）を所有していた聖ベネディクトゥスにとっては、バラは俗世の誘惑にかられたときに肉欲を鎮めるための一手段に過ぎませんでした。彼は女性の誘惑から逃れるため、裸になって茨の茂みに身を投げたとされますが、これは「冷たいシャワーを浴びる」ことに近いとも考えられます。

聖フランチェスコはイタリア、ウンブリア州アッシジの聖人です。近郊のサンタ・マリーア・デッリ・アンジェリの集落は、もっとも広大なキリスト教の聖域の一つで、ポルツィウンコラと呼ばれる石の礼拝堂があります。フランシスコ会発足のこの場所で、1216年、フランチェスコは聖母マリアの幻影を見ました。ここにはバラ園（ロゼロ）があり、棘のない特殊なバラが栽培されています。聖ベネディクトゥスと同じく、フランチェスコも茨の茂みに身を投げて疑念や誘惑を追い払っていましたが、棘のないバラは聖人の体に触れて開花し、現在に至るまで咲き続けているのだとか。このバラはロサ・カニーナ・アッシジエンシスと同定されています。

「『これらの冠を無垢な心と
　　汚れなき肉体で守るように』と天使は言った。
『なぜなら、私はこれらの冠を神の国から
　　あなた方のために持ってきたからである。
これらは決して枯れることもなければ、
　　香りが失われることもなく、
　純潔を愛する者以外
　　誰も目にすることができない』」

ヤコブス・デ・ウォラギネ『黄金伝説』より

トッマーゾ・ガレッリ《茨の聖ベネディクトゥス》（15世
紀）。横たわった聖ベネディクトゥスの裸体の一部が
茨に隠されている。彼は肉欲を鎮めるため、茨の茂み
に身を投げた。

バラの伝説

　慈悲深いハンガリー王女エルジェーベト（1207–31年）の伝説は、バラの奇跡譚として広く知られています。彼女の夫、テューリンゲン方伯ルートヴィヒ4世が十字軍に参加して不在の間、国は飢饉に襲われます。帰国したルートヴィヒは親戚から、妻が宮殿で貧民たちに施しばか

りするせいで食料が不足していると陰口を聞かされました。陰口をすっかり信じ込んだ彼は、妻にこの情け深い行為を禁じますが、エルジェーベトは密かに善行を続けました。けれどもある日、食料をたっぷりと詰め込んだカゴを持っているところを夫に見つかってしまいます。ところがカゴを開けてみると、真っ白なバラしか入っていません。この冬の出来事は奇跡と言われ、彼女を目

ローズ・イースターやそのほかのシンボル

　キリスト教には五旬祭（ペンテコステ）という祝日があり、イエス復活後の聖霊降臨を祝います。聖グレゴリウス（西暦590–604年の教皇）は、教会から会衆の上にバラを撒いて降臨する聖霊を表しました。ローマではこの故事にちなみ、現在でも花が撒かれます。バラを撒く習慣はフランスやスペインにも伝わり、五旬節は「ローズ・イースター」とも呼ばれています。

　ローマ教会の典礼には、教会暦における様々な祝日のための色が記されています。クリスマス前の喜びの日曜日（第3主日）や、四旬節（復活祭までの約40日間）のラエタレの日曜日（第4主日）の色は「バラ色」で、バラ色の服を着用します。「ピンク」ではなく「バラ色」という言葉の選択に、この花の重要性が感じられます。

　12世紀に入る頃には、教会の儀式にバラが組み込まれ、通路に沿って花びらが敷き詰められるようになりました。ここでも赤いバラはキリストの血、白いバラは処女マリアの純潔を表します。キリスト教徒の間では、エデンの園のバラには棘がなかったと伝わっています。アダムとエヴァが罪を犯したために、バラに棘が生え、罪ゆえに失われたものを人間に示し続けているのです。「ロサ・サンス・スピナ」とは棘のないバラを意味し、原罪を免れているマリアを象徴しています。

の仇<ruby>仇<rt>かたき</rt></ruby>にしていた人たちでさえ、悔い改めたそう
です。ポルトガルにも、これと似た物語が伝わっ
ています。それによれば、王妃イサベル（1271-
1336年）は一族の反対にもかかわらず、ドイツ、
ヴァルトブルク城下のアイゼナハ村の貧者たちに
食べ物を施していました。あるとき村へ向かう途
中で夫と会い、カゴの中には何が入っているの
かと詰問されます。そこで開けてみると、食べ物
ではなくバラの花束が入っていて、夫を驚かせた
と伝わっています。

　トレドの聖カシルダの伝説もこれと似ていま
す。カシルダは、イベリア半島がイスラム教徒カ
リフにより治められていた時代のイスラム王女で、
服にパンを隠してキリスト教徒の囚人のもとに差
し入れていました。彼女は捕まってしまいますが、
パンは一瞬にしてバラになりました。フランシス
コ・デ・スルバランの《聖カシルダ》（1640年頃）
やザカリアス・ゴンサレス・ベラスケスの《聖カシ
ルダの奇跡》（1820年頃）は、この場面を描い
た作品です。

フランシスコ・デ・スルバラン《聖カシルダ》
（1640年頃）。一瞬にしてパンがバラに変わっ
た奇跡を描いた作品。

ロザリオ

THE ROSARY

「ロザリオ」（カトリック教徒の使う数珠）という言葉は何世紀もかけて発展しました。
中世を専門とするアン・ウィンストン＝アレンの
『バラの物語（*Stories of the Rose*）』によれば、
西暦4世紀の教父（初期キリスト教の神学者で正統信仰を持ち、教会に公認された人々）
ナジアンゾスのグレゴリオスは、聖処女マリアのために
「小数珠（花輪）を編んで」いたそうで、これが発展して、
カトリック教徒が祈りの回数を数えるのに使う、
50の玉（ラテンやドイツの伝説では50のバラ）からなる日常遣いの
数珠が生まれたと伝わっています（「玉」すなわち「アヴェ」には天使祝詞の意味もある）。
ドイツではこの「玉」をバラの花飾りに見立てて、
「ローゼンクランツ（Rosenkranz）」と呼びます。
この言葉がのちにラテン語の「ロサヌム（rosanum）」、
さらに現代の「ロザリー」すなわちロザリオとなったのです。

　ロザリオの力はバラとつながっています。キリスト教徒にとって、バラの成長の各段階は3つのイメージ——つぼみは幼子イエス、咲き始めはキリストの受難、満開は死の克服——を象徴しています。色にも意味があり、悲しみ、喜び、神秘といった感情を表しています。

　5月、イタリアでは赤と白のバラをテーブルや祭壇や庭に飾り、バラを通して聖母マリアに思いを寄せます。ロザリオの祈祷（イエスとマリアを思いながら150回唱える天使祝詞。10回で1連、5連で一環となる）を制定した聖ドミニコはバラのシンボルを意識し、それぞれの祈祷は小さなバラであると述べました。5月はローマ神話の女神マイアそして聖母の月ですが、もともとローマ神話の花と春の女神フローラにささげられていました。

ロザリオの物語

　ある男はバラやその他の花で花冠を編み、マリア像の頭に飾りたいと考えました。マリアは男の喜び、信心、善意を目にし、修道院に入って神の道を歩みなさいと勧めました。けれども修道院生活では花冠を編む時間がなく、男には物足りません。そこで彼は修道院を出て、俗世に戻ろうと考えました。

　男の不満を耳にした司祭は彼に、花冠を編むのではなく、50編のアヴェ・マリアを唱えなさいと勧め、マリアは彼が今までに作ってきた花冠をすべて合わせたよりも、祈りの方を喜ばれるだろうと語りました。男は納得して、修道院に留まることにしました。ある日彼は、森を抜けて伝言を届けてほしいと頼まれます。道中、男は馬を止めて、50編のアヴェ・マリアを唱えました。その姿を目にした盗賊たちは、男を襲って馬を盗んでやろうと、近くにまで忍び寄りました。けれども、若く美しい乙女が男の横に立っていて、祈る男の口から150本のバラを取り、それを使って花冠を編んでいるではありませんか。花冠を作り終わった乙女は、自分の頭に載せて、消えました。

　盗人たちは男に駆け寄り、横に立っていた乙女は誰かとたずねました。男は乙女が誰かは知らないが、自分は司祭に教えられた通り50編のアヴェ・マリアを唱えていたのだと答え、盗人たちは、乙女はバラの花冠を受け取った聖母マリアだったのだと悟りました。男は喜び、この日から50個の玉で数珠を作り、ほかの人にも作り方を教えました。盗人たちは心を入れ替えて、善人として生きたそうです。

様々な宗教におけるバラの多様なシンボル

RICH ROSE SYMBOLISM AMONG RELIGIONS

1200年代から1300年代にかけて、
ヨーロッパでのバラの存在感は頂点に達します。
この時代、キリスト教を受け入れていない地域の異教徒たちは
バラを飾って気持ちを表現し、イスラム教徒はバラを人間の魂のシンボルと見なし、
キリスト教徒はエデンの園の記憶と考え、ヒンドゥー教徒や仏教徒は
バラやその他の花を通じて、霊的な喜びを表しました。

　昔から中東やトルコでは、ローズウォーターやローズオイルがイスラム教の儀式で使われてきました。メッカへの巡礼は「ハッジ」と呼ばれますが、中央に建つカアバと呼ばれる「アッラーの家」を覆う黒い布には、トルコやイラン産のローズウォーターがかけられ、ローズオイルで灯されたランプからは芳香が漂います。イスラム教を開いた預言者ムハンマド（西暦571-632年）のシンボルはバラ。彼の汗はバラの匂いがしたと伝わっています。

　「タウヒード（イスラムの神の唯一性）のバラ」の概念は、ムハンマドの心に植えられた種のイメージを反映しています。種は唯一性を表し、ひたすら成長を続けます。そして成長と共に、すべての意識が一つとなるのです。

タウヒードのバラ（預言者のバラとも）は、1点を基点にした創造を表している。エジプトの哲学者ムスタファ・マフムード（1921-2009年）は、「タウヒードの概念は（中略）、一つのものを作ることを意味している。その一つのものは、ばらばらになっているものを統合し、結合する」と述べている。

RICH ROSE SYMBOLISM AMONG RELIGIONS

コーランには
　「神は我々を
　　ただ一つの魂から作られた」
　　　　　とあります。
心には種が植えられており、
　　人々、人類の土には
　　　　心が植えられています。
　たった1輪咲いたバラ。
一つのバラの園。一つの香り。
　　　一つの匂い。一つのエッセンス。
すべての旅はただこれに尽きるのです。

「たくさんの花びらが集まって
　バラを成すように、
　　　魂の広がりに到達した人には、
多くの様々な美点が見られる。
　美点は霊的人格の形を取り、
　　　　芳香を放つ」

ハズラット・イナヤット・カーン（1988年）

イスラム教の伝統では、バラはしばしば天国の花と位置付けられます。アブラハム（イブラヒムとも。イスラム教、ユダヤ教、キリスト教での信仰の祖）にまつわるバラの物語には、トルコ東部ウルファ（旧エデッサ）の王ニムロドが登場します。その昔、ニムロドがアブラハムを火に投げ入れたところ、奇跡が起こり、火はバラの花に囲まれた池になりました。つまり地上の炎は天国のバラに変わったのです。このテーマはムハンマドの養子アリー（ムハンマドの教えを最初に受け入れた一人。第4代正統カリフ）にも引き継がれ、死の際でバラの花束を所望したところ、その香りを嗅いで、天にも昇るほどの幸せを味わい、死出の旅へ向かうことができたと伝わっています。

オスマン帝国スルタン、メフメト2世は1453年にコンスタンティノープルを征服し、キリスト教正教会の聖ソフィア大聖堂をローズウォーターで浄め、モスクに改造しました。現在アヤソフィアとして知られるこの伝統ある壮麗な聖所を浄めるには、相当な量のローズウォーターを必要としたことでしょう。

スーフィズムとバラ

イスラム教やその神秘主義的一派であるスーフィズムは、熱心に幾何学的庭園を造りました。彼らは、庭園に漂う香りは魂の神聖さを表していると考えました。スーフィズムの大家アル゠ジーラーニーは「バグダードのバラ」と呼ばれ、彼の設立したカーディリー教団はバラをシンボルとしています。サアディーの『薔薇園』や、シャビスタリーの『秘密の花園』などの作品でも、題名からしてバラが重要な役割を担っていることは明らか。ハズラット・イナヤット・カーン（1882–1927年）もスーフィズムの思想家で、魂とバラの香りとを結びつけて、美しい文章を残しました（右上参照）。

バラと聖杯（キリストが最後の晩餐で用いた杯。あるいは礼拝で用いる聖餐杯）には、共通のスピリチュアルな性質があります。英語で聖餐杯（キリスト教の礼拝でイエスの血を表すぶどう酒を入れる杯）を意味する「チャリス（chalice）」の語源は、ラテン語で杯を意味する「カリクス（calyx）」で、花びらを支える杯型の萼片も「チャリス」と呼ばれます。いずれも神の力へと向かう魂のシンボルですが、バラはその美しい構造ゆえに、聖杯よりもさらに多くのシンボルを秘めています。うっとりするような香り、折り重なった花びらに隠された神秘的な中心部はもちろんのこと、花びらの枚数、その配列、柔らかくベルベッ

トのような質感に、人々は象徴を託しました。12世紀のペルシャの詩には、「神秘はバラの花壇で輝き、秘密はバラに隠されている」と謳われています（マーラ・フリーマン『聖杯の錬金術（*Grail Alchemy: Initiation in the Celtic Mystery Tradition*）』より）。

嬉しいことに、スーフィズムの詩やイスラム教の伝統でも、バラがシンボルとして多用されます。この神秘主義は内省と、神との精神的近さを重視し、棘のある枝の先に咲くバラの美しさと純粋さは、アッラー（神）への精神的な道のりを表していると考えました。

マスナヴィーの詩

マスナヴィーとは長さに制限のない詩で、11（あるいは10）個の音節の韻律に従って各行内で韻を踏む形式です。マスナヴィーの詩人たちはペルシャ語、アラビア語、トルク後、ウルドゥー語で詩作し、コーランや、イスラム教や世俗の言い伝えや、物語を組み合わせました。いずれも何らかの教訓を伝えることを目的としており、それぞれの教訓には丁寧な説明が付されています。

詩人ルーミーによるマスナヴィーは、世界最高峰の神秘主義詩の一つと考えられていますが、ルーミーは6巻からなるこの作品を完成しないまま、1273年に没しました。1巻と2巻では深い自我と、罪を犯してしまう人間の性について、3巻と4巻では英知と知性について、5巻と6巻では神の存在を認識するための自我滅却について述べられています。

ルーミーの伝記から。牡牛がマウラー
ナーにお辞儀をして敬意を表している。
マウラーナーは西部におけるルーミーの
呼び名。

ンボルが暗示されるのです。例えば、バラのイ
メージは高次の精神性、幻視のもたらす恍惚、
霊感のすべてを想起させ、そうした世界を形作
ります。バラの園は現世のあらゆる富を表し、す
べてのものや出来事のうちに神の業の完璧さを
見出す、覚醒した心の突き抜けるような輝きを
示しています。

　ルーミーはバラを象徴として描きました。愛に
よって激しい苦痛を味わった彼は、バラを通じて
これを雄弁に表現しましたが、そうした苦痛は心
を荒廃させるだけでなく、変容をももたらします。
それゆえに、苦痛は「美」と共に輝きを放ってい
るのです（下参照）。

ルーミーのバラ

　ルーミー（マウラーナー）のマスナヴィーでは、
バラが繰り返し登場します。「バラは天国の庭師
たちにより現世に送られた。心と精神の眼を強
めるために」。スーフィズムの言い伝えによれば、
ルーミーはそのもっとも深遠なひらめきを、数世
紀にわたる書物といくつかの重要なイメージから
得ていたそうで、それらのイメージは無限の意
味や示唆に富んでいました。その最たる例がバ
ラとバラの園です。スーフィズムにおいて、この
2つは様々な意味を秘めたシンボルであり、この
2つの言葉だけでそこに込められたすべてのシ

「恩寵が働くと、
　　　この世はバラ園の中のバラ園、
　　　　　　楽園となる。
そこでは何も生まれず、
　　　何も死なない」

アンドリュー・ハーヴィー
『光の上の光（*Light Upon Light,
Inspirations from Rumi*）』（1996年）より

インスピレーションあふれるルーミーの言葉

筆者はルーミーから深い影響を受けています。その理由はバラの象徴性だけではなく、一部の隙もなくバラに結びついた真珠のような言葉がインスピレーションをもたらすからでもあります。ルーミーはバラにちなむ数々の素晴らしい言葉を残しました。ここでそのいくつかをご紹介しましょう。

「昨日の宵、バラの花を咲かせるためにささやかれた言葉は、
私の心にもささやきかけた」

「ちょうど今朝、沈思していたら、
この世の外でも中でもないバラの園にたどり着いた」

「愛は無限のバラの園である」

「沈黙よ、そなたは我が内なるダイアモンド、我が真の富の珠玉だ。
そなたの柔らかな土から、数千ものバラの園が成長し、
その香りは我が心を圧倒する」

「愛は啓示と試練の連続を通して激しい動揺を引き起こす。
ついには打ちひしがれ、謙虚になったとき、
人はバラの核へとそっと通されるのだ」

「すべての家が窓になり、すべての野がバラの園になるように、
自分自身を見つけ、経験を捨て去り、自我のない自分になれ」

「私の顔はあちらこちらにある。汝が見つめているのはバラである」

「学びをやめて、知を目指せ。
バラは存分に咲き誇り、散るときは、外へ向かって散る」

「バラは麗しい。
　　しかし我々の目には
　　その甘い香りゆえに、
　　　　より麗しく映る」

ウィリアム・シェイクスピア『ソネット』
54番3−4行（1609年）

ロサ・ケンティフォリア・フォリアケア

6

THE SECULAR ROSE

(c. 1350–1650)

世俗のバラ（1350–1650年頃）

1350年代以降、バラは世俗でも存在感を増していきます。
アンブロジウス・ボスハールト（父）をはじめとする
静物画家の科学的なまでの正確な絵、
ウィリアム・シェイクスピア（1564‐1616年）や
トマス・キャンピオン（1567‐1620年）のような作家の戯曲や詩。
ヨーク家とランカスター家は、
イングランド王位をめぐる薔薇戦争（1455‐85年）が勃発すると、
それぞれ白バラと赤いバラの記章をつけて
戦いに臨んだと伝わっています。
イスラム教圏では、オスマン帝国の宮廷もバラを珍重し、
トルコのエディルネの町はバラの一大栽培地となりました。

政治的シンボルを担うバラ

THE ROSE AS A POLITICAL SYMBOL

1455年から85年にかけて、
イングランドでは大規模な紛争が勃発し、
白バラと赤いバラが、敵対する2大名家のシンボルとなりました。
のちに薔薇戦争と呼ばれるこの内戦で、
白バラをシンボルとするヨーク家と
赤いバラをシンボルとするランカスター家が王位を争ったのです。

ランカスター・レッド

　ランカスター家の記章の赤いバラは、14世紀のイングランド王エドワード1世（在位1272-1307年）の時代にさかのぼります。エドワード1世の記章は黄金のバラ。弟エドマンド（初代ランカスター伯、1245-96年）は赤いバラを記章に採用しました。これはロサ・ガリカだと考えられますが、「オールド・レッド・ダマスク」「ローズ・オブ・プロヴァン（プロヴァンはパリ南東の郊外、バラの町として有名）」としても知られています。中央アジアに自生していましたが、古代ペルシャやエジプトに広がり、ローマ人により栽培され、ローマの属州であるガリア地方（すなわちガリカ、現在のフランス、スイス、ベルギー、オランダ、一部のドイツを含む）にもたらされました。

　ヨーク家の白バラはロサ・アルバだという説もあり、初代ヨーク公エドマンド・オブ・ラングリー（1341-1402年）の記章から来ています。前章で見たように、白バラは聖母マリアと結びついており、しばしば「天の国の奇しきバラ」と呼ばれました。

ローズ・オブ・プロヴァン

ランカスター家

　ランカスター朝の祖はヘンリー・ボリングブルックです。彼はイングランド王リチャード2世を退位させ、1399年にヘンリー4世として即位しました。父はジョン・オブ・ゴーント、母はヘンリー・オブ・グロスモント（初代ランカスター公、1310–61年頃）の娘、ランカスター公領の相続人ブランシュ・オブ・ランカスターでした。父がイングランド国王エドワード3世の4男であることから、ヘンリー・ボリングブルックは、エドワード3世の孫として王位

を要求したのです。

　ランカスター朝は3人の国王を出しました。ヘンリー4世（在位1399–1413年）、彼の息子で1415年のアジャンクールの戦いで勝利を収めたヘンリー5世（在位1413–22年）、そしてヘンリー6世（在位1422–61年、1470–71年）です。ヘンリー6世はわずか9か月で即位しましたが（これは歴代イングランド王の中でも最年少記録です）、精神錯乱のため統治不能に陥り、第3代ヨーク公リチャードが活躍することになります。1454年、リチャードは護国卿になり、ランカスター朝に仕えました。

薔薇戦争

　一方、リチャード自身にも王位を狙うだけの理由がありました。彼は初代ヨーク公エドマンド・オブ・ラングリーの孫であり、イングランド国王エドワード3世の曽孫に当たります。薔薇戦争とは本質的に、王位を狙うランカスター家とヨーク家の支持者たちの権力闘争なのです。

　ヨーク側が白バラの記章を身に着けたのは事実だが、ランカスター側が赤いバラの記章を用いたというのは後年の創作だ、とする歴史家もいます。確かに「薔薇戦争」の呼び名を使ったのは、19世紀の小説家ウォルター・スコットによる『ガイアスタインのアン（*Anne of Geierstein*）』（1829年）が初めてです。

挿絵画家A. S. フォレストの絵では、敵対する貴族たちがヨーク家、ランカスター家のどちらを支持するかを表明するのに、白バラあるいは赤いバラを手に取る。シェイクスピア『ヘンリー6世』の第1部にも同じ場面がある。

赤いバラとランカスター家のつながりは、シェイクスピアの1589-92年頃の戯曲『ヘンリー6世』第1部で取り上げられて以降、現在のような意味を持ち、知られるようになりました。1485年にはテューダー家のヘンリーがヘンリー7世として即位し、ヨーク家の跡継ぎエリザベスと結婚して、薔薇戦争は終結へと向かいます。ヘンリーは白バラと赤いバラを組み合わせたテューダー・ローズを考案し、何年も続いた紛争の終焉と未来の結束の象徴を込めました。

エリザベス1世の白バラ

ヘンリー7世の孫娘に当たるエリザベス1世は、1558年から1603年にかけ45年間統治しましたが、生涯独身を貫きました。この時代、イングランドは繁栄をきわめます。アルマダの海戦ではスペインの無敵艦隊を破り（1588年）、ウォルター・ローリー卿（1552-1618年）をはじめとする冒険家たちが新世界へ渡って、領有を主張し、フランシス・ドレーク卿（1540-96年頃）などの船乗りが世界一周を達成し、海を股にかけてイングランドの無敵ぶりを示しました。本国では詩人・劇作家のウィリアム・シェイクスピア、詩人エド

マンド・スペンサー（1552-99年）、作曲家ウィリアム・バード（1543-1623年）、芸術家ニコラス・ヒリアード（1547-1619年頃）らが活躍し、イングランドはかつてない芸術の黄金期を迎えます。

女王は敬意を集め、未婚ゆえに処女王と崇められ、民と「結婚している」ために王族の夫を必要としないと言われました。彼女は即位直後の1559年に、「余にとって、日のもとにあるこの世の何ものも、余の民の愛と好意に勝る価値はない」「つまるところ、こうした時代を統治した女王が処女として生き、死んだ、と大理石の墓石に刻まれれば、余にとっては充分なのである」と述べました。

エリザベス1世の宮廷では、アーサー王伝説のような騎士道や宮廷恋愛が普及します。そうした流れの中で、女王は、寵愛を求める称賛者たちに特権を授けたり退けたりして、国の男性権力者たちを支配する全能の女性君主の地位を確立しました。彼女は、白バラと聖母の宗教的つながりや、世俗におけるバラと愛、みずみずしい美とのつながりも心得ており、これを自らのシンボルの一つに取り入れました。女王の肖像画には、真珠などその他の処女性の象徴と共にしばしば白バラも描かれています。

芸術や建築の中のバラ

THE ROSE IN ART AND ARCHITECTURE

ヘンリー7世の考案したテューダー・ローズは、赤いバラの中に白バラがあり、
調和のシンボルとして建築、絵画、刺繍に多用されました。
さらに「イングランドの花」と呼ばれるようになり、
今日（こんにち）ではイギリスの象徴でもあります。
ケンブリッジ大学のキングス・カレッジ・チャペルや
ロンドン近郊のハンプトンコート宮殿でも、
美しいテューダー・ローズを見つけることができます。
またテューダー朝の人々の肖像画にもたびたび描かれ、
中でもニコラス・ヒリアードによる
エリザベス1世の肖像画
《ペリカン・ポートレート》は有名です。

テューダー・ローズ

英仏海峡を渡ったヨーロッパ大陸では、オランダの花の静物画家たちが活躍しました。そうした花の静物画は、当時栽培されていたバラについての知識の宝庫です。

ニコラス・ヒリアード《ペリカン・ポートレート》（1575年）。左上に、赤いバラの中に白バラの入ったテューダー・ローズが描かれており、エリザベスの祖父ヘンリーが創始したテューダー朝を象徴している。中世におけるバラと聖母のつながりは、処女王と謳われたエリザベス1世にふさわしいシンボルだった。

静物画の中のバラ

アンブロジウス・ボスハールト（父）(1573–
1621年) は、花の静物画を専門とした最初の
画家の一人です。アントワープ生まれですが、
1587年頃にプロテスタント教徒への迫害から逃
れて北ネーデルラントへ移住しました。銅板の支
持体に科学的なまでに正確に描き出された花や

果物の絵は、細密な静物画であり、緻密に考え
抜かれた構図の中で色彩と形が絶妙なバランス
を取っています。
　《花》(1614年) では、鮮やかな色の花が入っ
たバスケットと黄色いチューリップ、白バラ、ピン
ク色のカーネーションが描かれています。
　この《花》をはじめとする多くの作品には、様々
な花が描かれていますが、それらは必ずしも同

バルタザール・ファン・デル・アスト《カゴに入った花》。ファン・デル・アストは義兄アンブロジウス・ボスハールト（父）に師事した。師も弟子も、油絵を手がける前に花や果物の水彩画を習作した。

時期に開花するわけではありません。つまり、現実にはありえないような光景なのです。彼は大成功を収め、1621年にオレンジ公の侍従の注文を受けて制作した花の作品には、1000ギルダー（約4万2000ドル相当）という高額な報酬が支払われました。彼は同年に他界しますが、同名の息子アンブロジウス（1609-45年）、ヨハン（1606/08-28/29年）、アブラハム（1612-43年）と義弟バルタザール・ファン・デル・アスト（1593/94-1657年）も画家になりました。ファン・デル・アストの《カゴに入った花》（1622年）、《中国花瓶と花、貝殻、昆虫》、《花瓶と貝殻、昆虫》（いずれも1628年頃）にも、バラをはじめとする花々が華麗に描かれています。

宗教画の中のバラ

キリスト教でもイスラム教でも、バラは薬として用いられました。宗教との結びつきの強いバラは、修道院の庭でも栽培されており（p115参照）、14世紀から17世紀にかけてのキリスト教芸術や図像表現（イコノグラフィー）で、重要な役割を担いました。

ベルギーのヘントの祭壇画はフーベルト（1385-1426年頃）とヤン（1390-1441年頃）のファン・エイク兄弟による大作で、1430年頃に完成しました。上段中央のパネルには聖母マリアが描かれており、ユリ、バラ、スズラン、オダマキがあしらわれた冠をかぶっています。バラは愛、スズランは幸福、ユリは純潔、オダマキは謙虚を表しています。下段中央パネルの《神秘の子羊の礼拝》の横側には、バラの茂みが描かれています。

ファン・アイクの別の名作《泉の聖母》（1440年）でも、両側にバラの茂みが配されて、中央で聖母が幼子イエスを抱き、その後ろで天使が旗を高く掲げています。このバラと幼子イエスの手にある数珠は、カトリック教徒が祈祷回数を数えるときに用いるロザリオ（p130参照）を想起させます。

聖母とバラを描いた名作は多数あり、ドイツの画家シュテファン・ロッホナーの《薔薇垣の聖母》（p122）では、腰かけた聖母の後ろにたくさんの赤いバラや白バラが描かれ、彼女の純潔と無垢を表しています。

バラの奇跡

　聖女にまつわる奇跡譚の多くには、バラが奇跡的に出現するシーンがあります（p126-9参照）。そうした話の一つが、1531年12月にメキシコで起こったとされるバラの奇跡です。12月9日、現代のメキシコシティに当たる地域で、聖母マリアが労働者ファン・ディエゴの前に現れ、司教ファン・デ・スマラガのもとへ行って、マリアは貧者の嘆きを聞き、悲しみを目にしていること、彼らの生活がよくなるようにするであろうこと、彼女の名において礼拝堂が建てられるよう望んでいることを伝えよと命じました。司教はディエゴの言うことに耳も貸さずに追い払いますが、再びマリアがディエゴの前に現れ、あきらめてはならないと言いました。

　翌日12月10日にディエゴは再び司教のもとを訪れますが、司教は相変わらず聞こうともせず、ディエゴに、聖母に頼んで、出現が真実だと証明するような奇跡を起こしてもらうがよかろうと言いました。12月11日、伯父が重病にかかったためディエゴは丘にはいきませんでした。12月12日早朝、ディエゴは重体に陥った伯父が罪の告白をして最後の秘跡を受けられるよう、司祭のもとへ向かいました。前日に聖母に会いにいかなかったことを後ろめたく思うディエゴは、丘を避けようとしますが、聖母が路上に現れます。ディエゴが司祭に言われたことを伝えると、マリアはなぜ自分に助けを乞わなかったのかと優しく問いました。そしてグアルダルーペ大聖堂の扉の上に刻まれることになる有名な言葉──「そなたの母である私は、ここにいないのだろうか」──を口にし、そなたの伯父は癒されたと述べ、凍てつくように寒い真冬だというのに、美しく花開くカスティーリャのバラを示しました。彼が花を摘むと、マリアはディエゴのコートでこれを包み、ディエゴは花を持ち帰りました。たどり着いた彼がコートを開くと、花が零れ落ちて聖母の姿を示したため、とうとう司教もその言葉に耳を傾けました。

アンドレ・ゴンサルヴェス《バラの奇跡》（1735-40年頃）。ここでもバラに変わるパンの奇跡が描かれている。ポルトガル王妃イサベルはパンを隠していたが、夫に見せるように言われると、パンはバラに変わった（p129参照）。

詩の中の象徴的なバラ

THE ROSE AS A POETICAL SYMBOL

シェイクスピア作品にはバラが繰り返し登場します。
バラは完璧の象徴であり、『ソネット』1番の冒頭にも、
「もっとも美しいものには繁栄を望む／さすれば美のバラも
決して絶えることはなかろう」とあります。
この「美のバラ」とは、至高の美と、
若いときの美の盛りの両方を意味しています。
シェイクスピア作品のみならず、
多くの詩でバラは美（そして精神と魂との気高い結びつき）の象徴であり、
親密な恋人たちの場面を彩ってきました。

シェイクスピア作品の中のバラ

シェイクスピアの有名な戯曲『ヘンリー6世』第1部には、赤と白のバラを手に取って、どの派閥につくかを表明する場面が出てきます（薔薇戦争の予告）。貴族たちが議論となり、ウォリック伯は白バラを選んで、ヨーク家への忠誠を示しました（右参照）。

「ここで私は予言しよう。
　　法学院の庭で派閥争いに発展した
　　　今日のこの論争は
　　数千もの人の魂を
　　　紅バラと白バラに分け
　　死と暗黒の夜に送り込むことだろう」

2幕4場124-127

愛情表現としてのバラ

　シェイクスピア作品では、バラは愛情表現としても多用されます。例えば『ソネット』109番では、愛する女性を「私のバラ」と呼び、『リチャード2世』(1595年頃)では、王妃(劇中では名前はない)が夫リチャードに「私の素晴らしきバラ」と語りかけています(5幕1場8)。悲劇『ハムレット』(1599-1601年)では、レアティーズが妹オフィーリアを「おお、5月のバラ／愛しい乙女、優しき妹、甘美なるオフィーリア」(4幕5場158-159)と呼んでいます。

　1609年に発表された『ソネット』54番では、バラの香りに言及し、バラは美しい姿と香りゆえに価値があると述べています。「バラは麗しい／しかし我々の目にはその甘い香りゆえに、より麗しく映る」(3-4行)。シェイクスピアはよい香りのするバラ(おそらくダマスク・ローズ(ロサ・ダマスケーナ))と、美しい色合いでほとんど香りのしない野生種イヌバラ(ロサ・カニーナ)とを比較し、「美点はその姿だけ」(9行)「求愛されず、敬意を払われず、枯れていく／一人で死んでいく」(10-11行)と、イヌバラはほとんど顧みられず、枯れても誰もさほど気にしない、長所は花姿だけと述べています。一方、香り高いバラは花が咲いて完結するのではなく、「その甘美な死から、もっとも甘美なる香りが作られる」(12行)のです。

詩や戯曲の中のバラ

　シェイクスピアは喜劇『から騒ぎ』(1598-99年)でも、イヌバラと栽培種を比べています。ドン・ジョンが口にした、異母兄アラゴン大公ドン・ペドロについての否定的な言葉の一節、「私は寵愛を受けて咲くバラよりも、垣根のイヌバラでいる方がいい」(1幕3場27)は、自分は異母兄に頼る人生など望まない、との宣言なのです。

戯れるロミオとジュリエット。敵対する一族の出身の2
人は、愛し合いながらも結ばれず、ジュリエットは「名
前って何？　私たちがバラと呼ぶものは、どんな名前
で呼んでも快く香るのに」と問いかける。

バラは若さや、若者の美しさのシンボルでも
あります。1593年に刊行されたシェイクスピアの
長編詩『ヴィーナスとアドーニス』は、「バラの頬
の」アドーニスが狩りに行くとあります（3行）。
1603年から07年にかけて書かれたとされる『ア
ントニーとクレオパトラ』のバラは、若さとそのは
かなさのシンボルです。美しく咲き、枯れ、朽ち
る花のように、人間も若いときには美しく開花し、
力を得ますが、年を追うごとに色あせ、力を失
います。アントニーはシーザーを指して「バラの
ごとき若さ」（3幕13場20）と口にし、クレオパト
ラは、色あせた美と退化を、開ききったバラ（盛
りを過ぎてしおれていくバラ）に重ねて嘆きます。
「ごらん、女たち／人は盛りを過ぎたバラの前で
息を止める／つぼみの前ではひざまずくのに」（3
幕13場38-40）とのセリフは、人はバラがつぼ
みのときは喜んで香りを吸い込むのに、しおれ
てしまうとその匂いを嗅ぐまいと鼻をつまむ、と
言っているのです。

　『ヴィーナスとアドーニス』ではバラの棘への言
及もあり、誰も寄せつけない棘にもめげずにバ
ラを摘む人と、恋人たちの粘り強さが重ねて描
かれています（右参照）。

　悲劇『ロミオとジュリエット』のバラは比較の対
象で、「私たちがバラと呼ぶものは」で始まるそ
の一文は、現在に至るまで数え切れないほど引
用され、定型句の一つとなりました。イタリア、
ヴェローナの町のモンタギュー家とキャピュレト家
は熾烈な争いを繰り広げていました。運命の恋
人ロミオとジュリエットは、それぞれの家の子息と
令嬢で、家名ゆえに結ばれずに悲嘆に暮れまし
た。ジュリエットの「私の唯一の敵は名前」（私た
ちは家名のせいで敵なのね）、「名前って何？
私たちがバラと呼ぶものは／どんな名前で呼ん
でも快く香るのに」（2幕2場43-44）との言葉は、
バラはバラと呼ばれているからよい香りがするわ
けではなく、チューリップと呼ばれようとイラクサと
呼ばれようと、快い香りに変わりはないのだと伝
えているのです。「バラのように甘美」という表現
は、シェイクスピアの時代に一般的になりました。

「不快な言葉もしかめ面も
　　恋人を挫くことはできない
　　　棘があろうとも、バラは引き抜かれる
　20もの錠がかけられていようと、
　　　その美が変わることはない
　　　愛はあらゆる障害を越え、克服する」
　　　シェイクスピア『ヴィーナスとアドーニス』（573-576行）

ジャン＝バティスト・ロビー（1821–1910年）《6月の日々》。創作にバラを取り入れたのはロビーだけではない。トマス・キャンピオンをはじめとする詩人もバラを取り上げている。キャンピオンの作品には「彼女の顔にはバラの園があり、バラと白ユリが咲いている」の一文で始まる詩がある。

様々な詩の中のバラの象徴

詩人・作曲家トマス・キャンピオンは、詩『我が人生の喜び（*My Life's Delight*）』で「あなたはあらゆる甘美なるものを秘めている／無上の喜びのささやかな世界のように／美はあなたの姿を守る、バラは／純粋で永遠なるもの」と愛する女性に語りかけています。

詩人・劇作家クリストファー・マーロウ（1564–93年）は、有名な詩『ぼくと一緒に暮らして、恋人になっておくれ（*Come live with me and be my love*）』の中で、「ぼくと一緒に暮らして、恋人になっておくれ（中略）／ぼくはバラのベッドを3つ作ろう／そしていい香りのする幾千もの花束を贈ろう」と、バラを親密な恋人たちに似つかわしいベッドとして描いています。

17世紀の詩人リチャード・ラヴレース（1617–57年）も、バラを愛の花に見立て、1642年には牢獄から愛する女性に宛てた詩を書きました（右参照）。

「自由な翼を持つ愛が
　　　　　ぼくの部屋で舞う
　　　天使のような
　　　　　アルシーアのささやきが聞こえ（中略）
ぼくはその髪に絡まりながら横たわる（中略）
　　　満ち足りた杯があちこちへと行き交い
　　テムズ川も鎮めることはできない
　我々の無頓着な頭にはバラが飾られ、
　　　　我々の心には忠実な炎が燃える」

リチャード・ラヴレース『牢獄よりアルシーアへ
（*To Althea, from Prison*）』より

『バラ（*The Rose*）』（1642-46年）という作品では、ラヴレースはバラに、愛する女性の部屋に飛んでいって、床や長椅子を覆い、恋人の髪の上に散れ、と呼びかけています（下参照）。

「ごらん！
バラは彼女の私室にある
床一面を覆い
ベッドに巣のように群がり
バラのベッドが出来上がる」
リチャード・ラヴレース『バラ』より

ラヴレースはバラについて「優しい人魚、空のごとき花」「天の国で唇から唇へと／贈られる赤い珠」と謳い、ローマ神話の愛の女神ウェヌスと、ギリシャ神話のぶどう酒の神ディオニュソスの従者シレノスを引き合いに出して、「喜びに満ちたヴィーナスと、優しく丸々としたシレノスの愛すべき末裔」と書いています。

ジェラードの本草書

イングランドの植物学者ジョン・ジェラード（1545-1611年頃）は、『本草書あるいは植物一般の歴史（*Herball, or Generall Historie of Plantes*）』通称『ジェラードの本草書』で、グレート・ホランド・ローズという花について興味深い所見を述べています。ロンドンに広大な薬草園を持っていた彼は、主に1554年に出版された植物誌の英訳に頼っていました。これは1484ページからなる挿絵入り案内書で、作者はフランドルの内科医者兼植物学者レンベルト・ドドエンス（1517-85年）です。ジェラードの本は1597年に初版が刊行されると大変な人気を博し、17世紀イングランドで幅広く利用されました。

彼はロサ・ダマスケーナ・フローレ・ムルティプリキを「グレート・ホランド・ローズ」と呼びましたが、一般的には「プロヴァンス・ローズ」と呼ばれ、現在ではロサ・ケンティフォリア「グロ・シュー・ドランド（オランダの大キャベツ）」として知られています。17世紀のオランダ絵画でよく描かれていたため、オランダにちなむ呼び名がついたのかもしれません。彼は植物学的記述だけでなく、薬としての細かな用法も残しました。

それによれば、ローズウォーターは「心臓を強め、精神を爽やかにする」効果があるとか。また、「熱による目の痛み」などの目の炎症や、便秘にも効くとしています。「これらのバラの汁は（中略）便通を促し、胃の内容物を溶けやすくする」という一文にもあるように、ムスク・ローズやダマスク・ローズの「汁」は、非常に効果が高いとされていました。また、ローズシロップ（ラテン語で「セラピウム（Serapium）」）には鎮静効果があり、熱や体内の炎症（ジェラードの言葉を借りれば「臓腑の炎症」）の治療に使われます。彼はバラの花びらの砂糖漬けを火で温めたものにも同じ効果があるとし、不眠や「穏やかな冷却を必要とするあらゆる治療」にはローズウォーターが有効だと述べています。

イスラム医術におけるバラ製品

USE OF ROSE PRODUCTS IN ISLAMIC MEDICINE

イスラム世界ではしばしば、バラやバラから作られる製品は
薬として用いられました。
14世紀、イサク・ビン・ムラートの『単純な薬（*Edviye-i Müfrede*）』という書物には、
皮膚治療にはすりこぎでつぶしたバラの花びらと
モルタルで作ったローズパウダーを用いる、と書かれています。
このパウダーは吹き出物に効果があったようで、
疥癬の治療に使われ、トルコ式風呂（蒸気風呂）にも置かれていました。

　13世紀のアンダルシアの内科医・植物学者・薬剤師イブン・バイタール（1197-1248年）は、ローズウォーターの鎮静効果に注目し、不安からくる動悸を鎮めるのによいとしています。ローズウォーターを沸騰させて、その蒸気を頭に当てると頭痛が治り、目の疾患にも効くとか。彼曰く「ローズウォーターは心と頭を強くし、感覚を鋭くし、生命力を高める」そうです。

　その何世紀も前から、イスラムの内科医や植物学者はバラ、ローズウォーター、その他のバラ製品を薬用に勧めており、すでに西暦9世紀には内科医・哲学者アル＝キンディー（西暦801-73年）が、肝臓や口内疾患、胃痛、潰瘍の治療にバラ製品が効くと述べています。同じ頃、植物学・天文学・歴史その他の学問に通じていた博学者（幅広い領域に精通した学識の高い人）アブー・ハニーファ・ディーナワリー（西暦815-96年）も、解熱にローズウォーターの使用を勧めています。

11世紀、西方でアウィケンナ（あるいはアヴィセンナ）の名で知られる内科医・天文学者イブン・スィーナー（西暦980-1037年）は、バラやその香りは脳・心臓への効用があると主張しました。彼によれば、バラの香りには鎮静効果があり、「失神や動悸への効き目が高い」とか。また、脳の働きを助け、集中力と記憶力を高めるとも論じており、こうした主張は何世紀にもわたって影響を及ぼしました。5巻からなる『医学典範』（1025年完成）は13世紀にラテン語に翻訳され、西方における標準的医学書として18世紀まで用いられました。

多くの著述家は、ローズウォーターやバラの香りには精神的・物理的効用があると考え、イブン・スィーナーは、バラはその素晴らしい香りゆえに「魂に働きかける」と書いています。マフムード・シルヴァーニの記した医学書『ケマリエ（Kemaliye）』にも、入浴後にローズパウダーをはたくと、いい香りがする上に、気分も安らぐと書かれています。彼曰く、バラの香りは天使の香りに似ているそうです。

オスマン宮廷のバラ

THE ROSE AT THE OTTOMAN COURT

オスマン帝国のスルタンの宮廷では、
ローズシロップ、ローズシャーベットをはじめとするデザートなど、
バラ製品が広く消費され、祝宴や高官の会議では、
ローズウォーターが配られていました。
ローズウォーターは有名なミスキ（よい香りのする石鹸）の原材料の一つでもあり、
コンスタンティノープル（現イスタンブール）のトプカプ宮殿や宮殿内の
ヘルヴァハーネと呼ばれるデザート専門厨房で使われていました。
ローズウォーターやローズウォーター用の瓶は、
オスマン帝国スルタンのための公式寄贈品リストの定番の品でした。

マルマラ海に面した、トプカプ宮殿近くの大庭園の一つ、ギュルハネ公園ではバラが栽培されていました。「ギュルハネ（Gülhane）」とは、ペルシャ語の「Gulkhana（花の家）」を語源とし、「バラの家」を意味します。毎年春になると、宮殿の使用人たちがバラを集め、ローズウォーターやバラ製品を作ります。こうした製品は大量消費されていたので、他所からも原材料を仕入れていました。1642年の公式記録には、宮殿の役人たちが約2000キログラムのローズウォーターを購入したとあります。

コンスタンティノープルの施設だけでは、スルタン一族の需要に追いつかず、大量のバラの苗木やローズウォーターがエディルネ（旧ハドリアノポリス、トルコ北部）から輸入されていました。エディルネはオスマン帝国のバラ栽培・ローズ

まずはローズウォーターで

征服者ことメフメト2世(在位1444-46年、1451-81年)は、コンスタンティノープルのアヤソフィア教会をモスクに改修したあとに、これをローズウォーターで浄めてから公開するようにと命じたそうです(p134参照)。

ウォーター生産の一大中心地であり、コンスタンティノープルへ送られた苗木は宮殿の庭園で栽培されました。

エディルネには、宮殿専用のギュルハネ(バラの家)がありました。地理学辞典をはじめとする著書を残した博学者キャーティプ・チェレビ(1609-57年)は、この町の3本の川沿いに450ものバラ園が広がっている様子を記録し、冬の終わりには川が氾濫して、近隣一帯が水につかると報告しています。

旅行家エヴリヤ・チェレビ(1611-82年)は、「アナトリア全域を見ても、これほど肥沃な土壌が隅々にまで広がっている土地はない」と記し、ヒヤシンス、メボウキ、そしてバラなど、この地に咲き乱れるあらゆる花を列記しています。

《バラの香りを嗅ぐメフメト2世》(トプカプ宮殿サライ・アルバムの中の細密肖像画、1481年頃)。この絵のバラは、スルタンの文化への愛着を表している。

ローズウォーター作り

　バラやローズウォーターはスルタン一族やエリートの専有物ではありません。旅行家エヴリヤ・チェレビによれば、1640年代のコンスタンティノープルのオールドバザールにはローズウォーターを扱う店が14軒あり、70人もの人々が働いていたそうです。彼の記録には、エディルネから来た女性の売り子が、バザールの前に置かれた大きな銅鍋に入ったローズウォーターを売る様子が描かれています。

　アナトリア半島には、バラ栽培やローズウォー

ルドルフ・エルンスト《香水職人》。カゴに入ったバラを運んだり、手でバラの花びらをほぐしたり、大きなセラミックの蒸留窯に入れたりする労働者の姿が描かれている。

ター作りの伝統が根付いており、すでに13世紀にはアンダルシアの植物学者・薬剤師イブン・バイタールが、ニシビス（現在のトルコ、マルディン県ヌサイビン）のバラの香りがことに優れ、ローズウォーター作りに使われる、と記しました。

　モロッコの旅行家・学者イブン・バットゥータ（1304-69年）も、ニシビスのバラ栽培と、ローズウォーター作りを報告し、この地域で作られたローズウォーターの「香りは格別で、ほかにはない味わい」だと記しています。アラビアの地理学者アル＝ディマシュキ（1256-1327年）も、現在のイラン、フィルーザーバードと並ぶローズウォーターの一大産地としてニシビスを挙げています。これら地域では、ローズウォーターがビン詰めにされ、イスラム圏全域に船で運ばれていました。

中東のローズウォーター

　ローズウォーターの発明や用途の発展にまつわる話は数多くあります。例えば、ローズウォーター作りの伝統は、テュルク系民族の習慣から来ているという説。彼らは神にささげる馬や動物をローズウォーターで洗い、いい香りをつけていたそうです。コンスタンティノープルでもバラが自生し、栽培もされていて、ビザンティン皇帝の毎日にはローズウォーターをはじめとするバラ製品が欠かせなかったとか。

　薬用にも大量のローズウォーターが使われ、1489年の公式文書によれば、1488年に設立されたエディルネ病院には、ローズウォーター作りのためのかまどが3つあったそうです。

　ローズウォーターはペルシャの新年のお祝いにも欠かせません。この時期、家族や友人たちは、グラバクシュと呼ばれる銀の容器に入ったローズウォーターを振りまいて祝福し合いました。バラはハートチャクラ（第4チャクラとも。チャクラとはヨガにおけるエネルギーポイント）の苦痛を癒し、平和、調和、清澄、愛、喜びをもたらします。つまりローズウォーターを手のひらや顔に吹きかけたりこすったりする仕草には、スピリチュアルな意味があるのです。

「どの不可視のバラの園から、
　　このバラが投げられたのだろう
　　その香りは私を狂わせ、
　　　　　　怜悧にする」

ルーミー（1010年）、
アンドリュー・ハーヴィー（2007年）による引用から

ロサ・モスカータ・ブレナ

7

STOP AND SMELL
THE ROSES

(1650–1789)

立ち止まってバラの香りを嗅いでみよう (1650–1789年)

ローズウォーターやローズオイルの心地よさ、効用、
儀式的側面について見てきましたが、
この章では人々から愛される至高のバラの香りについて考えてみましょう。
最近の研究では、「立ち止まってバラの香りを嗅ぐ」こと
（ウォルター・ヘーゲン著『ウォルター・ヘーゲン物語
（*The Walter Hagen Story*）』の一節）は、
科学的に道理にかなっていることが明らかになりました。
人は生活の中であえて心地よいものを楽しむこと、
心理学者アドラーやファグリーの言葉を借りれば、
「出来事、行動、目的など、何らかのものの価値や意味を理解し、
そうしたものとのポジティブで感情的なつながりを感じること」で、
より幸せを実感するのです。

バラの香り
THE FRAGRANCE OF THE ROSE

いつの時代もバラの愛好家たちにとって、
花の香りは記憶につながっています。
その記憶とは、過去の出来事のこともあれば、
（筆者にとっては）祖母の家の思い出のこともあります。
医学史を専門とするジョナサン・ライナルツは
『過去の匂い（*Past Scents*）』で次のように書いています。

香水職人のバラこと
ロサ・ビフェラ・オフィキナリス

「匂いははかない感覚で、
匂いを嗅いだ瞬間、
それは過去の匂いとなる。
同時に、こうした匂いを
後から嗅ぐと、
一瞬にしてとても鮮明な記憶が
よみがえってくる」

ライナルツ（2014年）

香りの主観性

香りはその人にしかわからない意味を持つことがあります。誰かとバラ園を散歩しているとしましょう。あなたはある花にピンと来て、かがんで香りを嗅ぎ、うっとりとして「ああ、なんて香りなのかしら！　小さい頃のことを思い出すわ」と口にします。けれどもあなたと一緒にいる人は、同じ香りを嗅いでも、何も感じないかもしれません。

「オータム・ダマスク」の香り

　香水専門家ロバート・カルキンは1999年にロサ・ダマスケーナの1633年以前の「オータム・ダマスク」、別名「キャトル・セゾン・コンティニュ」について、「もっとも素晴らしい香りのバラの一つ」「日差しに匂いがあれば、こんな香りだろう」と述べています。

　彼は、母系祖先のロサ・モスカータ譲りのスパイシーな香り（ムスク、スパイス、クローブ、フルーティー、バナナのような香り）、ロサ・ガリカ譲りのオールドローズらしい心地よい香り（ピンクペッパー、お香、バラ、ミルラ、ウッドノート）について叙述しました。父花は1871年頃にアレクセイ＆オルガ・フェドチェンコにより発見されたロサ・フェドチェンコアナ。中央アジアや中国北西部原産で、意外にもフラックスシードオイルのような強い香りを備えています。フラックスシードは料理にも使われるサプリメントで、ナッツのような匂いのロサ・フェドチェンコアナは、バラの香りの幅広さを示す好例です。

　デビッド・オースチン・ロージズ株式会社のマイケル・マリオットは2015年のインタビューで、ロサ・フェドチェンコアナの香りについて、「ブラックベリージャムを塗ったホーヴィス社（イギリスのパンメーカー）のパンのよう」と述べていますが、この言葉は香りがいかに主観的かを物語っています。

　バラの専門家たちは、もともとの「キャトル・セゾン」は絶滅したと考えていますが、1959年にグラハム・S．トーマスがキャトル・セゾン・ブラン・ムソー、別名「パーペチュアル・ホワイト・モス」の変種として、「オータム・ダマスク」を改めて世に出しました。

＊パーペチュアル・ホワイト・モスは、キャトル・セゾン・ブラン・ムソーと同品種で、「キャトル・セゾン」の枝変わりとされています。時々、先祖返りし、「キャトル・セゾン」つまり「オータム・ダマスク」の花を咲かせます。

ロサ・ダマスケーナの1633年以前の「オータム・ダマスク」、別名「キャトル・セゾン・コンティニュ」

洗練されていく香り

　香りとは複雑なもの。2004年にノーベル生理学・医学賞を受賞したリンダ・バックとリチャード・アクセルの研究は、人間には約1000種類の嗅覚受容体の遺伝子が備わっていることを明らかにし、香りの複雑さを改めて科学的に示しました。嗅覚に1000もの遺伝子が働くメカニズムが判明する一方、『都市の匂いの風景 (*Urban Smellscapes*)』の著者ビクトリア・ヘンショウも、その複雑さについて考察し、生まれつきの匂いの好みはごくわずかで、成長するに従い身についていくのだと唱えました。匂いの好みの根底には、その人の文化、どこで育ったか、どんな匂いを嗅いだかが作用していると思われます。

　18世紀の植物学者カール・フォン・リンネ (p12参照) は、単に植物を分類するだけではなく、匂いを7つのカテゴリーに分けました。すなわち、アロマティック (芳香)、フレグラント (芳醇)、ムスキー (ムスク)、ガーリック (ニンニク)、ゴート (ヤギ)、フェティッド (悪臭)、ノージアス (吐き気を催す匂い) です。アメリカ、メーン州ベイツ大学

の神経科学者ジェーソン・カストロもこれと似た分類をしており、フレグラント (芳醇)、ウッディ (木)、フルーティー、レモニー (レモン)、ミンティ (ミント)、スウィート、ポップコーン、ケミカル、パンジェント (刺激臭)、ディケイド (腐敗臭) に分けています。イギリス初の香水史家として知られる香水専門家ユージン・リンメル (1820-87年) は芳香について考察し、それらを18に分類しました。

　イギリスの化学者兼眼鏡技師ジョージ・ウィリアム・セプティマス・ピース (1820-82年) は、『香水の技術 (*The Art of Perfumery: And Method of Obtaining the Odors of Plants*)』と題した本において、匂いの分類を試み、キーボードやピアノの鍵盤を使って操作する香水噴霧装置「オドフォン」を開発しました。一番低い音からはパチョリの匂い、高音からはバラの匂いが放たれ、「ピースはこれらの音を奏でて香りを調合していた」そうです (アマンダ・スミス『匂いの現代科学 (*The Modern Science of Smell*)』の記事より)。こんな音楽なら、バラのハーモニーが聞こえてきそうです。

ジョン・ウィリアム・ウォーターハウス《マイ・スウィート・ローズ》あるいは《バラの魂》(1908年)。ウォーターハウスのインスピレーション源は恋愛物語。バラの香りを嗅くたたずまいからして、この女性が恋をしていることは明らか。

モス・ローズの特徴や香りは祖先種と似てはいるが、
親花ケンティフォリアにはない苔のような腺毛が、つ
ぼみを覆うように生えている。

香りのバリエーション

第1章では多様なバラの種類、色、姿を紹介しましたが、驚くべきことに、香りもそれに劣らぬほどの幅広さです。オールドローズは言うまでもなく、ほんの一例を挙げると、お茶のような香り、ミルラ（没薬、樹脂）のような香り、ムスクのような香りがあります。意外なことにリンゴ、バナナ、クロスグリ、柑橘類、グアバ、ライチ、洋ナシ、ラズベリー、イチゴなどフルーツ系の香りもあります。

1本で2回楽しめるバラ

ロサ・ルビギノーサ（ロサ・エグランテリアとも）はヨーロッパや西アジア原産のバラの一種で、暖かい日にそよ風や小雨に当たると、甘い（ときにはフルーティーな）香りを放つことから、スウィート・ブライアー（甘美な野バラ）とも呼ばれています。花自体からはバラ本来の香りがするのですが、葉の付け根部分を押すと、青リンゴのような匂いが。このバラに言及した有名な文章の一つが、シェイクスピアの『夏の夜の夢』(1595-96年)で、妖精王オーベロンが妻ティターニアの寝室について口にした言葉です。

「岸にはヨウシュイブキジャコウソウが咲き、
サクラソウや頭を垂れたスミレが伸び、
甘美なスイカズラやムスク・ローズや野バラが天蓋のように覆っている」

(2幕1場235-239)

モス・ローズはケンティフォリア系統の遺伝子が突然変異した変種で、つぼみが腺毛に覆われています。この腺毛はねっとりとした（ときにしつこい）匂いを発し、柑橘類、マツ、アニス、土を思わせ、花自体の香りと補い合ったり、コントラストを生み出したりします。腺毛に触れて、指の匂いを嗅いでみましょう。それから鼻を近づけて、花自体の香りを楽しみましょう。モス・ローズは1本で2回楽しめるのです。

「カザンリク」と匂いの成分

　香りの専門家によれば、バラ特有の香りを生み出す化学成分は、花の変異のメカニズムにも劣らぬほど複雑だとか。確かに興味深い説ですが、驚くには当たりません。香水専門家ロバート・カルキンは『オールドローズの匂い（The Fragrance of Old Roses）』と題した記事の中で、ロサ・ダマスケーナ・トリギンティペタラ、別名「カザンリク」（1612年以前）を例に挙げて説明しています。「カザンリク」は香り高いことで知られており、ローズオイル、ローズウォーター、香水産業で広く使われています。

　カルキンは、「カザンリク」の香りには、現在確認されている実に400もの成分が含まれているとし、著書『香りの創造』でも、バラの変種の独特の香りを紹介しています。いくつかの例を挙げると……

- ‘レディ・ヒリンドン’、ティー・ローズ、1910年：濃いお茶とアプリコットの香り。
- ‘マダム・イザーク・ペレール’、ブルボン・ローズ、1876:年濃密なラズベリー、熟した果物のようにリッチな香り。
- ‘ベル・ド・クレシー’（クレシーの美女）、ガリカ・ローズ、1829年：強く甘いバラの香り。
- ‘マダム・アルフレッド・キャリエール’、ノワゼット・ローズ、1875年：甘いお茶の香り。

- ‘イスパハン’、ダマスク・ローズ、1827年以前：ハチミツ、チョコレート、バニラのようなおいしそうな匂い、バルサミコ酢、木、パチョリ、ムスクのような香り。

　ロサ・ガリカやそれに続くダマスク、ケンティフォリア、アルバなど、すべての系統には、ローズアルコールと呼ばれる重要な芳香成分が含まれています。すなわち、フェルネチル、シトロネロール、ゲラニオール、ネロールで、その配合はバラごとに異なっています。カルキンの前述の記事を参考に、各アルコールについて見ていくと……

- フェルネチルアルコールは「柔らかなバラの花びらのような」香りが特徴。ローズウォーターの主要原材料。
- シトロネロールは「素晴らしい温かみと活力」があり、草や柑橘類を思わせ（シトロネラキャンドルを想像してみてください）、一部のルゴサ交配種で強く感じられます。
- ゲラニオールはゼラニウムにも含まれる成分で、シャープな香り。匂いを強め、引き立たせ、統一感をもたらし、変化させると言われています。
- ネロールは「ほかの3つよりも粗削りで、鮮烈」とされ、バラの甘い香りの中にも、ビターな柑橘類の匂いが感じられます。

　これらすべてが相まってオールドローズの、あの独特の懐かしい香りを作り上げているのですが、個々の匂いはさほど強い印象を与えません。

「カザンリク」には400もの成分が複雑に混じり合い、素晴らしい香りを生む。

ブルガリアのローズオイル産業

THE BULGARIAN ROSE OIL INDUSTRY

「カザンリク」の語源はブルガリアの
バルカン山脈麓の町カザンラクから来ています。
16世紀、ブルガリアのローズオイルはこの地域で生まれました。
一帯の土壌や気候条件はバラ栽培に向いており、
当時多数のバラ栽培園があったことから、
「バラの谷」と呼ばれるようになりました。

晩春から初夏にかけてのバラの季節、「カザンリク」など一度咲きのバラがほんの数週間咲き乱れます。朝から晩までバラを摘む、と聞けば、バラ好きにとってはうらやましい話ですが、実はとてもハードな肉体労働。重要なのはタイミングで、もっとも質の高いローズオイルを作るには、日が昇って天然油分が揮発しないうちに摘まなければなりません。摘んだバラは蒸留所に運ばれ、すぐに処理されます。現在行われている水蒸気蒸留法では、低圧蒸気で生花の油分を蒸気に移します。蒸気がある程度たまったらコイルに通して冷却し、濃縮させると、最終的に比重の違いから油分と水分が分離します。

今日、ブルガリアのバラ蒸留所は世界最高のローズオイルやローズウォーターの作り手を自負しています。そうした製品を手に取ってみる前に、まずは試行錯誤を繰り返してきたバラの蒸留や、化学物質の組み合わせに目を向けましょう。

バラの香りの化学

　ブルガリアのローズオイルの「本物のバラ」の匂いは、多分にβ-ダマセノンに負っています。低濃度でも検出可能なこの成分は、ローズケトンと呼ばれる化合物群に属しています。余談ながら興味深いことに、化学者ペーター・シーバールによれば、(E)-β-ダマセノンはケンタッキーバーボン(蒸留酒)の主要な匂いを形成しているとか。

　化学者ジョン・C.レフィングウェルによるバラ(ロサ・ダマスケーナ)についての記述によれば、ブルガリアのローズオイルには275以上もの成分が含まれており、シトロネロールは0.38ともっとも高い含有量です(匂い単位全体ではわずか4.3%)。これに対しβ-ダマセノンは0.0014にしか過ぎません。比率としてはだいぶ低いのですが、匂い単位では70%と驚くべき割合で、匂い全体の大部分を占めています。

　ローズケトンの発見はそれまでにない斬新な香水を生み出しました。例えば1985年のクリスチャン・ディオールのポワゾンには、ダマセノン、α-ダマセノン、β-ダマセノンがたっぷりと含まれています。

右：ブルガリアでは、油分が揮発しないよう朝早くからバラを摘み始め、質の高いオイルを抽出する。

EARLIER DISTILLATION PROCESSES

ここまではバラやローズウォーターや蒸留について見てきましたが、
古代ギリシャのアリストテレスの唱える方法では、
花とスパイスをオイルや油脂に浸すことで
香水を作ります（水や蒸気を使うのはもっと後の時代）。
アリストテレスをはじめとする著述家の文書には詳細な「指示」が記されており、
こうした技術がより広く応用されるようになりました。

紀元前13世紀にはギリシャのピュロスでバラとセージの香りのするオイル作りが一大産業となり、ここから出土した銘板にも、香油の生産・取引数が詳細に記録されています（p54参照）。しかし、オイルの香りづけは古代ギリシャに始まったわけではありません。当時のほかの文明、とりわけペルシャでも、贅沢な軟膏や香料が人気を集めていました。

『健康全書（*Tacuinum Sanitatis*）』として知られる中世の挿絵入り健康入門書に掲載された、花びらからローズウォーターを作る女性の絵。

アレクサンドロス大王が紀元前331年のガウガメラの戦いで、ダレイオス3世とペルシャ軍を下したのち、バラの治癒効果を知ったことは広く知られています。著述家プルタルコス（西暦49-119年頃）の『英雄伝』には、アレクサンドロス大王が「ダレイオスの浴槽で戦の汚れを落とそうと」、ペルシャ王の陣地に向かったと記されています。

「彼は入浴用の容器、水差し、皿、
軟膏の入った箱を見た。
すべては奇妙なほど精巧な金細工で、
よい香りを放っていた。
うっとりとするような（バラの）香りは
周りを満たし、
巨大で背の高い
あずま屋の中にも漂っていた。
あずま屋では、
長椅子やテーブルや宴会の準備が整い、
その豪奢なさまを目にした彼は
『これこそ王の特権だ』と口にした」

プルタルコス『英雄伝』より、
ドライデン＆クラフによる英訳（2005年）

ギリシャ人たちはすぐに、ペルシャ人の香水への偏愛を取り入れた、と哲学者テオプラストスは述べています。ギリシャの香水のほとんどは、エジプトやシリアのきめの粗いオリーブを搾ったオイ

ルをベースにしていましたが、バラに関しては香りを留めておくために、よりねっとりとしたごま油を使い、花びらをショウガの葉やアスパラトゥスやショウブ、そして塩と一緒に浸けて香水を作っていました。

アスパラトゥスとは「ほうき」とも呼ばれていた棘のある植物属で、地中海気候の土地に生息しています。大プリニウスも『博物誌』の中で、アスパラトゥスはバラに似た花を咲かせる小ぶりな樹木あるいは灌木だと述べています。根に甘い香りがあるため、香水作りにも用いられていました。テオプラストスは次のように記しています。

「圧搾した葉を油に浸ける処理は
バラ香水特有のもので、
大量の廃棄物が出る。
（現代の度量にして）87リットルほどの
塩が使われるが、
32リットルほどの香水しかできない」

テオプラストス

さらに彼は、バラ香水は着色された最初の香水の一つでもあると述べています。染色に使われていたアルカナはムラサキ科の植物で、赤く発色します（テオプラストス『植物誌』より）。

ローマの蒸留法

　大プリニウスは香水について、入手しうる限りの情報を、『植物誌』に残しました。こうした流れに乗り、ローマ人はローズオイル、軟膏、香水に一層のめり込んでいきます。大プリニウスは、ローマ人はオイルや甘い香りのする材料で軟膏を作り、着色していると述べていますが、アルカナだけでなく、辰砂と呼ばれる鉱物も使って朱色を出していたようです。

ポンペイの家屋に見られる痕跡

　蒸留処理するローマ人の姿は、ポンペイの「ヴェッティの家」の壁画にも見つけることができます。ヴェッティ家の兄弟は庭でバラを栽培し、花飾りや香水を生産すると同時に、金細工店も所有していました。彼らはオスティアの町に住む労働者と、ビジネスマンとして成功した自分たちは違うのだと誇示するためにこうした壁画を作らせたと言われます。中でもある壁画には、香水の生産と売買が描かれています。キューピッドたちが圧搾し、プシュケが液体をかき混ぜ、別のキューピッドたちがいろいろな容器で調合しています。

ポンペイ、「ヴェッティの家」の壁画には、香水作りの場面が描かれている。左の女性は香りを試しに嗅いでいる。

この壁画は簡易的な蒸留処理の場面を描いており、神話の人物たちを登場させることで、店主やその取引に信頼性を付しています。

　その隣には別のキューピッドがいて、瓶やフラスコを開けて客（ヴィーナス）に見せています。この絵は調剤あるいはぶどう酒製造の場面だとする学者もいますが、女性は手首を鼻に近づけて匂いを嗅いでいます。どうやら彼女は、香水を買っている（あるいは試している）ようです。加えて、ほかの場面ではキューピッドやプシュケが花を集めて、花飾りを作っています。

　ポンペイのカルプルニウスの家にも、同じような場面を描いた壁画があったと伝わっていますが、残念ながら、こちらは消滅・破壊されました。どちらの家の壁画にも、香料や香水の生産・売買が描かれていました。

　こうした店は小ぶりで、エリート層の家の、通りに面した部分に設置されていることもありました。マセルムと呼ばれる市場には臨時の露店や屋台が設置され、ここでも売買が行われていました。プリニウスは「香水は人生におけるもっとも優雅で高貴な喜びの一つである」とし、エジプトのアレクサンドリアに次ぐ香水の産地は、イタリアのカンパニアだと述べています。

ローマ、キリスト教、アラビア、ペルシャ世界における香水

　ローマの香水産業の中心はカンパニア地方の大都市カプア、そしてポンペイでした。フラスコや瓶、油を抽出するためのくさびの発掘も、この点を裏付けています。ポンペイでは、香水生産は羊毛生産に次ぐ基幹産業で（ただし羊毛生産よりもコスト高）、バラ香水や軟膏などのおしゃれな製品は、裕福層だけに許された贅沢でした。しかしさほど裕福でない人々も、地元に生息する花（バラも含む）から作られる香水を消費していました。興味深いことにプリニウスは、注目を集めるために香水を使う女性を批判し、香水は「あらゆる形態の贅沢の中でももっとも常軌を逸している」と述べています。

　ローマの凋落と共にプレジャーガーデンは消え去りますが、並行して、バラを使った香水はもちろん、香水自体がなくなってしまいました。初期キリスト教徒は香りを楽しむことを嫌い、またしてもバラは異教徒崇拝と結びつけられることになるのです。しかし徐々にバラと聖母マリアが重ねられるようになり（第5章参照）、花や香料がキリスト教の儀式に用いられ始めます。

　キリスト教から離れてアラビア世界に目を向けると、香水、それも主にバラ香水の利用が進んでいたことがわかります。特に注目すべきは、預言者ムハンマドの生きたアラビア半島中心部です。ペルシャの医師・哲学者・錬金術師アル・ラーズィー（ラテン語名ラーゼス）の著作には、「ローズウォーターを作るための器具」である「アランビク（al-anbik、すなわち蒸留器）」についての記述があります。技術の変化に伴い、蒸留も一種の芸術となったのです。

　ペルシャは長い間、バラの国として知られてきました。遅くとも西暦9世紀から香水産業が営まれ、シーラーズ（現イラン南西部ファールス州の州都）の広大なバラ園は、ローズウォーターの原料であるバラの一大産地でした。香水産業を広げたのは、11世紀ペルシャの医師・博学家イブン・スィーナー（アウィケンナ）とされています（p157参照）。

ペルシャ、ファリスタン地域におけるローズウォーター産業は非常に重要で、すでに西暦810年には、バグダードのカリフ、アル＝マアムーンに3万本ものローズウォーターの小瓶を納めていました（p40参照）。中国、インド、エジプト、北アフリカなど世界各地にローズウォーターが輸出され、1680年代にシーラーズを訪れたドイツの旅行家・医師エンゲルベルト・ケンペルは左下のように記録しています。

アラビアの高名な地理学者・宗教指導者アル＝ディマシュキ（1327年没）は、ダマスカス周辺についての記述の中で、アル・ムナッザ（「類まれなる村」とも）という村に言及しています。

「ペルシャでは
バラが大量に栽培され、
それらは世界のどの国よりも
香り高いが、
とりわけシーラーズ近辺の
バラは量においても、
香りにおいても、
ペルシャのあらゆる地域を
しのいでいる」

ジョン・チャールズ・サワー
『ロードロジア（*Rhodologia*）』
（1894年）での引用より

「ここの空気は健康によく、
水は澄んでいて、
家々は美しく、
果物は美味で、
花やバラが咲き乱れ、
ローズウォーターが生産されている。
それらの残留物は
道路や畑道や小道に
無造作に捨てられているので、
バラの季節が過ぎるまで、
類まれな、ムスクよりも
繊細なバラの匂いが漂っている」

ロバート・J.フォーブス
『蒸留技術の物語（*A Short History of the
Art of Distillation*）』（1970年）での引用より

ローズオイルやバラ香水をめぐる熱狂

THE RAGE FOR ROSE OIL AND PERFUME

ローズオイルも蒸留の産物です。
ローズウォーターを抽出すると、油層（ローズオイル）ができます。
このローズオイルをさらに蒸留し、ローズアター（ローズオットーとも）を作ります。
1539年頃にイタリア、ラヴェンナのジェロニモ・ロッシが
ローズウォーターとオイルを分離する技術を開発し、
後年、この技術について記述しました。
蒸留したローズオイルは、1580年代以降のドイツの薬局の
製品リストにも掲載されています。

1612年、北インド、ムガル皇帝ジャハーンギールの美しい妃ヌール・ジャハーンは豪華な宴を催し、金に糸目をつけずに、運河をローズウォーターで満たしました。芳香漂う水辺を歩いていた皇帝夫妻は、水面に油が浮いていることに気がつきます。こうしてたまたま「発見」された油はすくい取られ、東方で最上の香油として宮廷中の注目を集めました。

「手のひらに
ほんの1滴たらすだけで、
部屋中に香りが満ち、
たくさんのバラのつぼみが
一気に開花するよりも、
さらに妙なる香りがする。
その香りは人を元気づけ、
魂を回復させる」
ジェニファー・ポッター『バラ』（2010年）より

ムガル皇帝ジャハーンギールと妃ヌール・ジャハーン。2人とも繊細なピンク色の花を持っている。ヌール・ジャハーンはローズアターの母とも呼ばれる。

　東方と西方の商路が交差するコンスタンティノープル（現イスタンブール）では、交易が発達しました。この交易の恩恵を受けていたイタリアでは、1600年代から1700年代にかけて香水産業が勃興し、洗練された香水の流行（そして香水製造技術）をヨーロッパ各地に発信しました。イタリア人は軟膏作りの達人と呼ばれ、各国の羨望の的になります。同じ頃、イングランドのオックスフォード伯爵エドワード・ド・ヴィアー（1550-1604年）はエリザベス1世の宮廷で、甘い香りのするローズウォーターや香水の流行を巻き起こ

し、人々は競って自宅で香りを調合しました。ローズウォーターなどで服に香りをつけたり体臭を隠したりすることが習慣となり、16世紀のヨーロッパ人は香水を使って、嫌な臭いを隠しました。庭園史家ジェニファー・ポッターによれば、フランスで1572年に刊行された家庭医学書にも、「ヤギのような腋臭には、バラの化合物を肌に当ててこするとよい」と書かれているそうです（『世界を形作った7つの花（*Seven Flowers and How They Shaped Our World*）』より）。

フランスの香水

18世紀、フランスの香水産業はイタリアを追い越し、1750年代にはフランス中を香水熱が席巻しました。ムスクは時代遅れとなり、甘い花の香りが人気を集めます。流行の主役はスミレ、タイム、ラベンダー、ローズマリー、そしてローズウォーター。バラをことに愛したのがルイ15世の寵姫ポンパドゥール夫人で、フランソワ・ブーシェによる肖像画でも、バラに囲まれています。ロココ様式のこの作品は、バラ（おそらくロサ・ケンティフォリア）を散らした華麗なドレスに身を包んだ貴婦人の姿を描いています。

バラとその香水の人気は19世紀になっても衰えることなく、皇帝ナポレオンの妃ジョゼフィーヌ（1763–1814年）はパリ近郊マルメゾンの庭でバラを育てました。ジョゼフィーヌは当時のバラ界に大きな影響を及ぼした人物として知られていますが、意外なことに本人はフローラル系よりもムスク系の香りを好んだとか。ジェニファー・ポッターの著書『バラ』には、「ジョゼフィーヌの死から60年経っても、マルメゾンの私室には独特のムスクの香りが漂っていた」と書かれていますが、彼女の没後、バラを含むフローラル系の香りが再び流行となります。

フランソワ・ブーシェ《ポンパドゥール夫人》（1756年）。画面のあちこちにバラがふんだんにちりばめられ、華やかなことで有名なポンパドゥール夫人のスタイルが表現されている。犬の横、床に落ちた2輪のバラはカップル、すなわち国王と夫人を表している。

ボタニカルアート

BOTANICAL ART

18世紀、古代ギリシャやローマの文化にインスピレーションを得た
新古典主義が生まれ、芸術や文化に影響を及ぼしました。
芸術家たちはロサ・ダマスケーナやロサ・ケンティフォリアなど
香り高い種類のバラに触発され、静物画の名作を制作しました。
静物画は宗教画や歴史画より格下の扱いでしたが、
オランダの芸術家たちはこれを真剣に追及し、
アントワープは静物画の中心地となります。
そうした静物画の名作には、もちろんバラも登場します。

ピエール=ジョゼフ・ルドゥーテ(1759-1840年、第8章参照)はバラをはじめとする花の優れた描写手法で有名ですが、ラッヘル・ライス(1664-1750年)もこの分野を代表する卓越した芸術家であり、細密かつ美しい作品を残しました。植物学者を父に持つ彼女は、父の蒐集していた昆虫や花を描き始め、15歳にして花を専門とする画家のもとに弟子入りします。花の作品で国際的な名声を博し、画家として成功したライスは、息の長い活動を続けると同時に、アムステ

ルダムの肖像画家ユリアーン・プール(1666-1745年)と結婚し、10人の子どもに恵まれました。彼女の《バラ、マリーゴールド、ヒエンソウの花束とマルハナバチとその他の虫の静物画》(1695年)には、圧倒的な生気に満ちた花や虫が描かれています。

彼女の花の描写力は群を抜いており、「オランダ黄金時代」と呼ばれる当時の芸術界で最高峰の画家の一人となりました。60年にわたる画家活動を通じて、いくつもの花の絵を世に送り

ラッヘル・ライス《大理石の台の上の花瓶に入ったバラ、ヒルガオ、ポピー、その他の花》(1688年)

1. 虫

2. カップ咲きの花

3. バラの棘

出し、その左右非対称の構図は彼女の特徴となりました。こうした構図は花をより本物らしく三次元で示し、そのリアリズムを一段と引き上げています。

ライスの《大理石の台の上の花瓶に入ったバラ、ヒルガオ、ポピー、その他の花》(1688年)は、それぞれの花を非常に精密に描いています。白バラの上の虫は、まるで花の香りに誘われて花粉のごちそうを探しているようで好奇心をそそります(1)。マリアアザミの上に垂れているピンク色

のバラは、ケンティフォリア系統ならではの美しいカップ咲き(2)。バラの花びらの柔らかさは、すぐ下のマリアアザミの尖った葉とくっきりとしたコントラストをなしています。すべては生命力にあふれ、この上なく巧緻に描かれており、バラの棘に触れられるのではないか(3)、画面からバラの香りが漂ってくるのではないかと錯覚するほどです。

ヤン・ブリューゲル《木の壺に入った花》（1603年）。大ぶりなヴァニタス（主に17世紀オランダで流行した静物や死などの象徴を描いた絵画）。同時期には開花しない花々が描かれている。鑑賞者は死を免れえない自らの運命に思いをはせ、今目の前にあるすべての花を楽しむことを教えられる。

花のブリューゲル

　ヤン・ブリューゲル（父）（1568-1625年）は「花のブリューゲル」とも呼ばれ、花の静物画に取り組んだ数多くの画家の一人です。彼の絵はリアルで、植物学的に正確で、チューリップやアヤメやバラを美しく描きました。彼はバロック時代の画家たちの中でも、ケンティフォリア・ローズを描いた最初の画家の一人でもあります。

　各季節の花が網羅されて同じ花瓶の中に飾られていますが、その多くは開花期が異なるため、こうした花の組み合わせは異常とも言えます。《木の壺に入った花》（1603年）の花束は、絵画作品全体の中でも最大級で、鑑賞者は、ユリ、チューリップ、バイモ、スイセン、スノードロップ、カーネーション、ヤグルマギク、芍薬、アネモネ、バラは同じ時期に開花するのかしら、と疑問に思うことでしょう。もちろん違います。こうしたジャンルの絵はヴァニタス（不可避の死を鑑賞者に想起させるジャンル）や「メメント・モリ」（死を忘れることなかれ）の名で知られ、一つの画面上に現実と理想とシンボルが共生しています。さらにイタリアの枢機卿フェデリコ・ボッロメオ（1564-1631年）の注文を受けたブリューゲルは、花輪の優れた描写でも高く評価されるようになりました。彼の《花輪の聖母》（1621年）には、バラをはじめとする花輪の中に聖母が描かれています。

　裕福層の庇護を受けたオランダの画家たちの静物画には教訓が含まれており、鑑賞者に物質的富のはかなさをほのめかしています。多くの作品には死を表す頭蓋骨、時の流れを表す砂時計、刹那を表す枯れた花が描かれています。ヴァニタスはあらゆる生けるもののはかなさを描いていますが、弾けんばかりに咲き誇る花々は、芸術には時を止める力、花に永遠を授けて現世に生きる私たちに喜びをもたらす力があることを教えてくれます。

バラを育てる理由

　筆者の大好きな2人のガーデニング専門家の言葉をご紹介しましょう。いずれも、香りを楽しむためにバラを育てることの素晴らしさを語っていて、深くうなずかずにはいられません。

「バラの香りには魔力があり、
心を落ち着かせると同時に、
精神を高揚させる力がある」
マイケル・マリオット（2015年）

「私たちは匂いを通して、
バラの神秘、なぜほかでもなく
この花こそが私たちの想像力に
力強く働きかけてくるのかを
理解できるのだ、と私は思う」
ジェニファー・ポッター『バラ』（2010年）

「バラに棘があるのを
　　不満に思うこともできれば、
棘にバラがあることを
　　喜ぶこともできる」

アルフォンス・カー（1856年）

ティー・ローズ
'テ・イメネ'（祝婚歌）

8

THE ROMANTIC ROSE

(1790–1850)

ロマンティック・ローズ (1790–1850年)

18世紀後半から19世紀にかけてのロマン派運動では、

感情や個人が何よりも重視され、

過去や自然の世界の素晴らしさが謳われました。

「ロマンティック・ローズ」には複雑なシンボルが込められています。

美とは自らの終わり、衰退を内包しており、人を惑わせるもの。

そしてバラは愛と悲しみ、喜びと悲嘆、生と死などの両極端を表しています。

中国からバラが輸入され、ヨーロッパのバラと交配し、

1シーズンに複数回咲く「返り咲き」が可能になると、

バラの世界に大変動が起こります。

中国から輸入されたバラたち
CHINESE ROSE IMPORTS

1790年代から1800年代初頭にかけ、
オリエンタルなものが流行を巻き起こし、お茶、陶磁器、絹、
絨毯など様々な装飾品が人気となります。
チャイナ・ローズ（ロサ・キネンシス）も、
そうした流れに乗ってヨーロッパや北アメリカに持ち込まれました。

チャイナ・ローズが入って来る前のヨーロッパでは、「オールドローズ」と呼ばれるバラが主流でした。オールドローズとは昔から薬用として育てられ、当時の庭師たちに受け継がれてきたバラを指します。ガリカ、ダマスク、アルバ、ケンティフォリア、プロヴァンスなど、主に初夏（温度や地域により異なります）に美しく咲きますが、開花期間は短く、それゆえにはかない愛らしさ、有終の美の象徴とされていました。もちろん例外もあり、例えばムスク・ローズ（ロサ・モスカータ）などは、（気候条件にもよりますが）晩春から秋まで開花しますし、「オータム・ダマスク」は秋に返り咲きますが、それでもヨーロッパではバラは夏限定の花

とされていました。一方、チャイナ・ローズは小ぶりで、香りも弱いのですが、夏から晩秋にかけて何度も咲きます。また初開花後に変異しやすく、例えば'ムタビリス'というチャイナ・ローズは桃色から濃いピンクへと変わります。ヨーロッパのバラの中にも、開花後に色が淡くなるものがありますが、これには気候条件など様々な要因が働いています。

こうした特性を持つチャイナ・ローズは庭師にとって非常に魅力的で、ヨーロッパや北アメリカで一大ブームを巻き起こします。歴史的人物の中にも、バラに夢中になり、蒐集し、栽培し、モダンローズの基礎を作った人々がいます。アメ

リカ大統領トマス・ジェファーソン（1743-1826年、在職1801-09年）もその一人で、ヴァージニア州モンティチェロの邸宅でバラを育てていました。

　フランスではナポレオン・ボナパルト（皇帝ナポレオン1世、在位1804-14年、1815年）の妻、皇后ジョゼフィーヌが、パリから15キロメートル西のマルメゾンに広さ60ヘクタールのさびれた領地を購入し、巨額をつぎ込んで邸宅と土地を改修しました。オレンジ用温室や大温室は、12台の石炭ストーブで温められ、新たに造られたバラ園では交配が行われ、250種のバラが栽培さ

れて、広く名声を博しました。彼女はベルギーの植物学者・画家ピエール＝ジョゼフ・ルドゥーテを呼び、バラの絵を注文します。マルメゾンのバラやその他の花を描いたルドゥーテの水彩画は精密かつ美しく、その多くが版画として出版されました。彼は「花のラファエロ（イタリア・ルネサンスで活躍した大画家、ウルビーノ出身のラファエロ・サンティ）」の異名を取り、美術史上もっとも偉大なる植物画家、ヤン・ブリューゲル（父）やラッヘル・ライスなど17世紀フランドルやオランダの花の画家たちの正統な継承者と見なされました。

ピエール＝ジョゼフ・ルドゥーテ『美花選』より、ロサ・オドラータ‘スルフレア’（左下）とロサ・オドラータ（右、左上）。ルドゥーテは皇后ジョゼフィーヌによりフランスに招かれ、マルメゾン城の250種のバラを描いた。

フォー・スタッド・チャイナ

　最初に輸入されたチャイナ・ローズは、おそらくピンク色の‘オールド・ブラッシュ’ではないかと考えられます。中国では「毎月ピンク」を意味する「月月粉<ruby>月月粉<rt>ユエユエフェン</rt></ruby>」と呼ばれ、1793年にパーソンズという名の人物により輸入され、「オールド・ブラッシュ・チャイナ」「オールド・チャイナ・マンスリー」「パーソンズ・ピンク・チャイナ」と呼ばれるようになりました。‘月月紅<ruby>月月紅<rt>ユエユエホン</rt></ruby>’（毎月赤）、‘赤胆紅心<ruby>赤胆紅心<rt>ツダンホンシン</rt></ruby>’（赤いドラゴンの口の中の白真珠）も同時期に輸入され、のちに‘サンギネア’（血のような）‘ミス・ヴィルモッツ・クリムゾン・チャイナ’（ミス・ヴィルモッツの真紅のチャイナ）と命名されました。

　当時中国から輸入された4種のバラ、ピンクの‘オールド・ブラッシュ’、真紅の‘スレイターズ・クリムゾン・チャイナ’、‘ヒュームズ・ブラッシュ・ティー・センティッド・チャイナ’（1809年）、‘パークス・イエロー・ティー・センティッド・チャイナ’（1824年）は合わせて、フォー・スタッド・チャイナ（中国の4つの種馬）と呼ばれます。「ティー・センティッド」すなわち「お茶の香り」と呼ばれるのは、当時イギリスの上流階級で愛飲されていたお茶の匂いに似ているから。‘ヒュームズ・ブラッシュ・ティー・センティッド・チャイナ’は、茶葉の検査官ジョン・リーヴス（1774-1856年）からレディ・アメリア・ヒューム（1751-1809年）の手に渡ったもので、イギリスの植物学者であるアメリアは、ハートフォードシャー州に建つウォームリーバリー邸で植物を蒐集・栽培していました。彼女も、夫アブラハム・ヒューム準男爵（1749-1838年）も熱心なガーデニング愛好家で、エキゾティックな植物を輸入していました。ロンドンのチェルシーで公開されたバラは大変な人気となり、何と、ナポレオンは妻ジョゼフィーヌが、当時敵対していたイギリスからマルメゾン城のバラコレクション用に花を輸入できるよう、便宜を図ったとか。

　‘パークス・イエロー・ティー・センティッド・チャイナ’を中国からもたらしたのは、植物採集のために王立園芸協会から中国へ派遣されていたジョン・ダンパー・パークス（1791-1866年頃）です。「淡黄香水<ruby>淡黄香水<rt>ダンファン・シャンスイ</rt></ruby>」と呼ばれるこの花は淡い黄色で、開花後にアイボリーホワイトに変わります。パークスはハラン属を初めてヨーロッパにもたらし、菊やバラを含む植物16品種など、貴重な品々を持ち帰りました。

ピンク色の「パーソンズ・ピンク・チャイナ」を描いた中国の水彩画。このバラはパーソンズによりイギリスに輸入されたが、それ以前の1752年にもすでにスウェーデンで記録されている。

ピエール＝ジョゼフ・ルドゥーテの描いた 'ブラッシュ・ノ
ワゼット'。'チャンプニーズ・ピンク・クラスター'と身元
不明の苗木の交配から1815年頃に生まれた淡いピ
ンク色のバラで、「ノワゼット・カルネ（肉感的な色のノ
ワゼット）」とも呼ばれる。

バラの交配

アメリカ、サウスカロライナ州チャールストンの
ジョン・チャンプニーズは、ロサ・モスカータと'パー
ソンズ・ピンク・チャイナ'の交配種を初めて北アメ
リカに導入し、のちに'チャンプニーズ・ピンク・ク
ラスター'と呼ばれるバラを作出しました。彼はこれ
をこれを苗木専門家フィリップ・ノワゼットに渡し、ノワ
ゼットはフランスに住む兄弟ルイ（1772-1849年）
に苗木と種子を送りました。フランスのバラ愛好
者たちは、最初のノワゼット・ローズ'チャンプニー
ズ・ピンク・クラスター'と'パークス・イエロー・
ティー・センティッド・チャイナ'の交配により、ノワゼッ
ト・ローズを多数作出し、ノワゼット・ローズ系統の
確立につながりました。

19世紀中頃までには、バラの交配技術はか
なり定着し、ロンドンのアブネー・パーク墓地のバ
ラ園では、優に1000以上もの種や栽培品種が
育てられていました。

同じ頃、フィラデルフィア州ではアメリカ初のバ
ラ専門ナーセリー（育苗所）が設立されました。
設立者である植物学者ロバート・ビュイスト
（1805-80年）はスコットランド出身で、エディン
バラ植物園で訓練を積んだのち、1828年にアメ
リカに渡り、フィラデルフィア州フェアマウントパー
クのレモンヒル邸で働きました。実業家ヘンリー・
C. プラットの所有するこの邸宅の庭園は、アメリ
カ屈指の見事さと評判で、ビュイストは1844年
に、バラ栽培についての初めての入門書『バラ
の手引き（*The Rose Manual*)』を刊行しました。

返り咲きするバラ

チャイナ・ローズは西洋で劇的
な変化を引き起こし、アジア圏外
で初めて、1シーズンに複数回咲
くバラの交配が実現しました。こ
うしたバラはフランス語で「再び
上る」を意味する「ルモンテ」にち
なみ、「ルモンタン」と呼ばれ、こ
れに対し1度しか咲かないバラ、
夏にしか咲かないバラは「ノン・
ルモンタン」と呼ばれました。

野生種で返り咲くバラはごくわ
ずかです。そのごくわずかな例外
がチャイナ・ローズ（ロサ・キネンシ
ス）と日本や東アジアに自生するロ
サ・ルゴサ。ルモンタン・ローズ
は中国やアジアの数か所で、西暦
1000年頃から栽培されており、ロ
マン派時代にヨーロッパのバラと
交配することで、世界各地でルモ
ンタン・ローズの栽培が可能にな
りました。

奇妙なバラ

ROSE ODDITIES

自然界には青いバラは存在しません。
バラの育種家たちは交配を通して「ブルーローズ」を実現しましたが、
それもどちらかと言えば薄紫に近い色です。
2004年、オーストラリアのフロリジン社と日本のサントリー社は、
白バラの遺伝子操作によりブルーローズ'アプローズ'（喝采）を開発しました。
開発では、パンジーから青い色素（デルフィニジン）の遺伝子を取り出し、
これを赤いバラ'カルディナル・ド・リシュリュー'（リシュリュー枢機卿）に注入しました。
その後、赤い色素の生成を阻止しようとしたのですが、
こうした遺伝子操作はごく複雑なため、
完全には赤の生成を止めることはできず、
最終的には赤と青が混じり、
紺碧よりも薄紫色に近いバラが生まれたのです。

青いバラの伝説

　青いバラは自然界に存在しないゆえに、不可能や秘めた愛の象徴となりました。中国の伝説では、皇帝が才色兼備な娘のために婿探しを始めます。たくさんの求婚者が名乗りを上げましたが、姫は父の計画を阻止するためにある妙案を思いつきました。彼女は、青いバラを持ってきた男性と結婚すると言い出したのです。男性たちは青いバラなど見つからないとあきらめましたが、商人、兵士、裁判官だけは希望を捨てませんでした。

兵士は遠くの王国へ向かい、国王からバラの形にカットした美しいブルーサファイアを手に入れました。しかし、宝石を持ち帰った兵士に姫は、とても美しいけれど、これは本物のバラではないわと断りました。商人は金に糸目をつけず、最高の花売りに大金を渡し、青いバラを見つけるよう頼みました。花売りの妻は白バラを青く塗って、商人はこれを姫に献上しました。姫は創意工夫は評価したものの、本物の青いバラではないわと断りました。裁判官は美しい青いバラの描かれたガラスを献上しましたが、姫はこれも断りました。

どうやら姫は結婚せずに独り身を通すつもりのようです。しかし甘い声の吟遊詩人が宮殿に現れ、その美声を耳にした姫は恋に落ちます。詩人は姫のもとに参上し、宮殿の庭で摘んだ美しい1輪の白バラを差し出しました。姫は、これこそ私が求めていた青いバラだと答え、皇帝や民を仰天させました。けれども何を青いバラとするかは姫次第という決まりだったので、姫が青いバラだと言うからには周囲も2人の結婚を認めないわけにはいきませんでした。

バラのカラーリング

12世紀スペインのセビリアに生きたイブン・アル＝アッワーム（1158年頃没）は、『農書（Kitab al-filaha）』を著したイスラム教徒の植物学者です。彼曰く、当時バラの根を利用して、白バラを青く染める習慣があったとか。けれども、すべてのブルーローズが着色されているわけではありません。この'アプローズ'には、花自体に青色色素が含まれているのです。

ブルーローズ'アプローズ'

トルコのブラックローズ

「ブラックローズ」が咲く、とまことしやかに伝えられていますが、実際は、黒ではなくごく濃厚な赤。2008年頃から、トルコのハルフェティという町にブラックローズ（トルコ語でカラギュル／karagül）が咲いているという噂が流れ、この小さな町は一躍有名になりました。確かにつぼみのときは黒（というか黒に近い色）なのですが、開花するととても深いワインレッド。この「ブラックローズ」は、中国原産のロサ・オドラータの局地的変種です。

歴史の中のグリーン・ローズ

「ブルーローズ」や「ブラックローズ」は自然界には存在しませんが、グリーン・ローズは実在する上、後述のように、真偽のほどは定かでないものの、心を打つ言い伝えも残っています。'オールド・ブラッシュ' が変異したと言われるグリーン・ローズ（ロサ・キネンシス・ヴィリディフローラ）は見るからに不思議。実は、花びらに見えるところは緑色の萼片なのです。普通のバラの場合、

萼片はつぼみを包む外側の部分に当たり、まず萼片、次いで花びら、その後おしべ、めしべ、心皮の順に成長します。けれどもグリーン・ローズは萼片形成段階で止まってしまいます。そのため花自体が萼片という奇妙な花姿で、おしめもめしべも心皮もなく、繁殖能力もありません。そこはかとないコショウのような香りで、0.6-1.5メートルの高さに成長します。

バラ遺産財団（Heritage Rose Foundation）会長ステファン・スカニエロによれば、こうした花は、華やかな色に進化する以前の初期のバラがどのような姿だったのか、ヒントを与えてくれます。さらに歴史的意義も含んだ逸話も伝わっています。1800-50年頃、アメリカでは地下鉄道と呼ばれる秘密結社が結成されました。これは南部から北部やカナダへ逃げるアフロアメリカン奴隷を助けるために立ち上げられた、隠れ家や逃亡路のネットワークです。一説には、これを援助していたクエーカー教徒（キリスト教プロテスタントの一派）が、「安全な」自宅の前庭にグリーン・ローズを植えて奴隷たちを受け入れていたとか。奴隷たちにとってこの花は、食べ物と安全を提供してくれる家を示す合図だったのです。

グリーン・ローズは 'オールド・ブラッシュ' の変種とも言われ、「緑の花」を意味する「ヴィリディフローラ」と命名された。花びらに見えるのは、通常はつぼみを包む萼片。

バラの静物画
STILL LIFE WITH ROSES

ロマン派時代に入っても、19世紀全体を通して、
バラは静物画家たちのお気に入りのモデルでした。
偉大なるオランダの画家フィンセント・ファン・ゴッホ（1853-90年）は1890年に、
《静物：花瓶に入ったピンク色のバラ》《花瓶のバラ》、
そしてシンプルに《ばら》と命名された作品を制作しました。
彼は1889年5月から1年間南フランスの
サン＝レミ＝ド＝プロヴァンスの精神病院に入院していましたが、
退院直前にこれらの作品を描きました。

　ゴッホは退院後、パリ郊外オーヴェール＝シュル＝オワーズに移りますが、批評家の中には、彼は花を描くことで当時感じていた前向きな気持ちを表現したとする意見もあります。花の色を愛し、精力的に描いたゴッホは、妹ヴィレミーナに宛てた手紙で右のように綴っています。

　同じ頃、フランスの印象派画家ピエール＝オーギュスト・ルノワール（1841-1919年）も、《バラのブーケ》（1890-1900年頃）、《バラ》（1912年）など、静物画の名作を残しました。後年はバラ、とりわけ赤いバラを溺愛し、繰り返し描きました。

「ピンク、柔らかな緑、
　鮮やかな緑、淡い青、すみれ色、
　　黄色、燦然たる赤。
ぼくはグレー以外の色に慣れようと、
　ひたすら花を描いた」

フィンセント・ファン・ゴッホ（1889年）

フランスのアンリ・ファンタン＝ラトゥール（1836-1904年）は花の静物画、作家や芸術家の肖像を描いた画家として有名で、特に《バラ》（1894年）、《バラとユリ》（1888年）、《白バラ》（1875年）の素晴らしさは群を抜いています。フランスの作家マルセル・プルースト（1871-1922年）の小説『失われた時を求めて』の第3巻『ゲルマントのほう』にも、「彼は彼女に、最近展示されたファンタン＝ラトゥールの花の絵を観たかたずねた」という一節があります。

ゴッホは自作《花瓶のバラ》（1890年）について、「黄緑の背景に、緑色の花瓶に入ったピンク色のバラ」と説明している。もともとこのピンク色はもっと明るかったが、時間と共にくすんでいった。

バラとロマン派の詩人たち

THE ROSE AND THE ROMANTIC POETS

ロマン派時代を通して、バラは若さ、みずみずしさ、美の象徴でした。
スコットランドの国民的詩人ロバート・バーンズ（1759-96年）は、
1794年にスコットランドの民謡に合わせて
『真っ赤な真っ赤なバラ』という歌詞に手を加え、
バラに寄せてこう歌いました。

「おお、私の愛は6月に花開く
　　　真っ赤な真っ赤なバラのよう
　おお、私の愛はメロディのごとく
　　　　　甘く奏でられる」
ロバート・バーンズ『真っ赤な真っ赤なバラ』（1794年）より

バーンズはこの歌をイタリアの歌手ピエトロ・ウルバーニ（1749-1816年）に渡し、ウルバーニは『スコットランド歌選（A Selection of Scots Songs）』（1792-94年頃）に収録しました。当時バーンズは後世に残そうとスコットランド民謡を収集し、ジェームズ・ジョンソン楽器店から『スコットランド音楽資料集（The Scots Musical Museum）』を出版する準備をしていました。彼が『真っ赤な……』を耳にしたのは、地方に足を運んだときのようで、すぐにこれを書き写しました。ウルバーニの1794年の言葉によれば、「高名なスコットランドの詩人」（バーンズ）は、「田舎の少女が歌っているのを耳にして、感動し、書き写し」「この歌詞が有名になった」そうです。一方、イングランドのロマン派詩人ウィリアム・ブレイク（1757-1827年）の『病気のバラ』に登場するバラは虫に蝕まれ、心を患っています（右参照）。

O Rose thou art sick.
The invisible worm,
That flies in the night
In the howling storm:

Has found out thy bed
Of crimson joy:
And his dark secret love
Does thy life destroy.

おお、バラよ、汝は病んでいる　　汝の真紅の喜びに満ちた
目に見えない虫が　　　　　　　寝床を見つけた
吹きすさぶ嵐の中　　　　　　　虫の暗い秘密の愛は
夜に飛んできて　　　　　　　　汝の命を滅ぼす

ブレイクはこの詩を1794年に、美しい挿絵入り詩集『経験の歌（Songs of Experience）』で発表しました。読者によっては、この作品は経験により汚される無垢、醜さと不幸に蝕まれる美や純粋さを謳っていると見る向きもあります。こうした見方に立つと、バラは愛、若さゆえの美、みずみずしさ、無垢の象徴ということになります。しかし決して完璧とは言えない世界では、一見完璧に見えるものにも欠点が隠されています。この詩の中の欠点とは、目に見えない虫です。こうした概念は、キリスト教の説く堕落した世界にも通じます。とすると、虫は旧約聖書『創世記』の蛇（悪魔）なのかもしれません。エデンの園に暮らしていたエヴァは蛇に誘惑され、アダムと共に（そしてその末裔も）、完璧の存在しない堕落した世界で生きることを余儀なくされたのです。他方、虫は死を（ウジ虫は死体に群がります）、バラは命を表し、あらゆる生きとし生けるもの同様、美しく若くはつらつとしたバラもいつかは死ぬ、というメッセージが込められている、と読み解くこともできます。

愛らしきはバラかな

ロマン派の詩人ウィリアム・ワーズワース（1770-1850年）は『霊魂不滅のうた』（1804年頃）で、「愛らしきはバラかな」と謳い、この上なく純粋な自然美の象徴をバラに託しました。彼は、幼い子どもの目に映る自然界がいかに神の栄光に満ちているか、しかし大人になると、世界は美しいままなのに、その不可思議な感覚は失われてしまうことを指摘しています。子どもにとって死は存在しないけれども、大人は自分もいつかは死ぬ存在であることを知っているからかもしれません。しかしワーズワースは、死を知ることで、自然界は感動的なまでに美しく見える、なぜなら風に揺れるたった1輪の花でさえも、「しばしば涙も届かぬほど深いところに横たわる思い」を浮かび上がらせるのだから、との理解に至ります。バラをはじめとする美しい花々は、喜びや美を象徴していますが、同時にブレイクの詩が伝えるように、鑑賞者に死を想起させる存在でもあります。

やはりイングランドの誇るロマン派詩人パーシー・ビッシュ・シェリー（1792-1822年）は、1821年の哀歌『音楽、優しい声が死んだとき』で、バラの花びらには亡き友人や恋人が横たわっている、と綴っています。「バラが死ぬと、その葉が積み重なって、愛する人の臥所になる」。ブレイクやワーズワースの詩同様、ここでも麗しく咲き誇るバラを目にした者は、美しいものは永遠ではなく、バラも散りゆくことを思い知らされ、死を考えずにはいられません。シェリーの詩のバラの葉は、過ぎ去りし美の残像であり、故人の記憶や故人に寄せる思いと重なります。葉が花の死を乗り越えるように、故人が与えてくれた愛は絶えることがないのです。

庭の誇り

ワーズワースの親友だった詩人サミュエル・テイラー・コールリッジ(1772-
1834年)による『バラ(*The Rose*)』では、バラ(「庭の誇り」)は愛の家と謳われ
ます。この作品では、「愛」は愛の神クピドに擬人化されています。

「バラの花びらの中に
愛が眠っているのを私は密かに見ていた」

彼はバラを摘んで、愛する若い女性サラの胸に飾ります。

「そして彼を、サラのシミひとつない胸の上
花の中に閉じ込めた」

目を覚ましたクピドは詩人の恋人サラの美しさを目にして、ここをすみか
にすると決め、ウェヌス(ヴィーナス)に会いにいくのはあきらめる、と言い出し
ます。次の一節は、初めて目覚めたクピドが「妖精のような足で地団駄を
踏み」ながらも、サラを目にしておとなしくなる場面を描いています。

「ああ! 焦燥感にかられた男の子も
このうっとりするような娘を一目見て、心を奪われた
彼はじっと見つめ、あまりの嬉しさに身震いし
喜びに翼をばたばたさせて
『おお! いかなる魔法が働いて
この玉座はこんなに快いのだろう
ウェヌスはほかの人に任せて
ぼくはこの王国に居座ろう』と叫んだ」

やはりイングランドのロマン派詩人ジョン・キーツ (1795-1821年) は、1817年の『バラを贈ってくれた友人へ (*To a Friend Who Sent Me Some Roses*)』と題した友情をたたえる詩で、野に咲く野生のバラと庭で育てられたバラそれぞれの美しさを謳いました。キーツが田舎を歩いていると、美しいムスク・ローズ (「手つかずの自然がもたらす、この上なく甘い花」) を目にします。彼はこの花を妖精の女王ティターニアの魔法の杖に重ね合わせ、「その香りを心ゆくまで楽しみ」、庭育ちのバラよりも綺麗だと語ります (「庭の花はこの花に遠く及ばない」)。けれども友人から贈られたバラは別で、庭育ちであろうと、友情と結びついているがゆえに、彼にとってはいかなるバラよりも尊いのです。「それは優しい声で、柔らかく語りかけた。平和と真実、弱まることのない友情を囁いた」

夏の名残のばら

アイルランドのトマス・ムーア (1779-1852年) も、バラのはかない美しさに触発されて、命の短さ、友情、自らの死を謳った詩人で、キルケニー県ジェンキンスタウン・パークに滞在していた1805年、有名な『夏の名残のばら』を記しました。彼にインスピレーションをもたらしたのは、ヨーロッパや北アメリカで大人気を博した最初のチャイナ・ローズ 'オールド・ブラッシュ' だと言われています。彼は、庭のバラが枯れた後も野に咲く夏の最後の1輪のバラを愛で、一人ぼっちにしておくよりも、花を地に撒いて、「友人たち」のもとへ送ることにします (下参照)。

「私はお前を一人
茎の上で嘆くままにはしまい
愛らしい友は眠っているのだから
お前も行って一緒に眠るがよい
だから私はお前の葉を
花壇の上に優しく散らそう
庭の友が
香りも命もなく
横たわる花壇に」

トマス・ムーア
『夏の名残のばら』(1805年) より

ピンク色の 'オールド・ブラッシュ' は1750年頃に中国からヨーロッパへ持ち込まれ、広く人気を博した。トマス・ムーアはキルケニー県ジェンキンスタウン・パークで、このバラに触発されて『夏の名残のばら』を記したとされる。

さらに詩はこう続きます。「友情が枯れ／輝く愛の輪から／珠玉がこぼれ落ちる」。そして、美にも命にも終わりが来る、この夏の最後のバラのように、喜びが消えた後に残されたいなどと思う者がいるだろうか、と問い、「おお！　この荒涼とした世界で／誰が一人で生きていけるというのだろう」と記しました。

この詩には『若者の夢』という伝統音楽がつけられ、ムーアの『アイルランド旋律選（*A Selection of Irish Melodies*）』に収録されました。ベートーヴェン、メンデルスゾーン、ブリテン、ヒンデミットなど多くの音楽家たちは、この曲にヒントを得て作曲し、ジュール・ヴェルヌやジェイムズ・ジョイスといった文人たちも、この詩に言及しています。

昔話の中のバラ

THE ROSE IN FOLK TALES

ロマン派の詩や文学の中のバラには、民話や昔話の影響が見られます。
当時は、農家から工場へと労働力が流出した時代でもあり、
こうした背景のもと、後世のために
民話を集めて保存しようという動きが生まれます。
前述のピエトロ・ウルバーニやロバート・バーンズもこの流れを汲み、
後世の人々が楽しめるようにと民謡を収集しました。

グリム兄弟

ドイツの民話蒐集家、ヤーコプ・ルートヴィヒ（1785-1863年）とヴィルヘルム・カール（1786-1859年）のグリム兄弟は、1812年から15年にかけて、ドイツやヨーロッパの昔話を集め、かの『グリム童話集』を刊行しました。いわゆる『眠り姫』は『ドルンレースヒェン（*Dornröschen*）』として収録されていますが、ドルンレースヒェンは「茨姫」を意味し、主人公の姫君の名前でもあります。姫が100年眠っている間、魔法をかけられた茨の茂みや木々（話によってはバラ）が伸びて、彼女のまどろむ城を守るように覆います。

別のグリム童話『ばら』では、美の象徴である花は、はかなさ、時の移り変わり、やがて来る死を表現しています。昔々、あるお母さんが息子（話によっては娘）を、薪拾いに森に行かせました。あるとき息子がバラを1輪持ち帰り、森で男の子にもらったと話します。お母さんはバラを水に差しました。けれどもこのバラが開く頃、お母さんが息子を起こしに行くと、もうベッドの中で冷たくなっていた、という悲しいお話です。

イギリスでも民俗学者ジョセフ・ジェイコブス（1854-1916年）が昔話を収集し、『イギリス昔話集』として発表しました。この中に収録されている『バラの木』という妖精譚も、美や移ろいやすさや早すぎる死を語っています。あるとき、魔女が美しい継娘を殺してしまいます。魔女は娘の肝臓と心臓を夫の食事に出しました。娘の兄弟は遺体の残りをバラの木の下に埋め、彼の流した涙がバラに落ちました。少しすると、バラが花開き、美しい白い鳥が生まれました。鳥は飛び立ち、石臼を持って帰り、それを3度家のひさしにたたきつけました。3度目で石臼は継母の頭の上に落ち、命を奪いました。

ハンス・クリスチャン・アンデルセン

デンマークの童話作家アンデルセン（1805-75年）の『イーダちゃんの花』に出てくるバラは、花の王さまとお妃さまです。宮殿や庭園では夜な夜な華やかな宴が催され、庭の花々が招かれます。宴では、一番の美しさを誇るバラが王さまとお妃さまの座を占めています。あるとき、イーダちゃんの家でも花の宴が開かれることに。イーダちゃんはドアの向こうからこっそりと宴を目にして、花たちに囲まれた王さまとお妃さまが冠をかぶるのをうっとりと見つめました。

アンデルセンの童話『イーダちゃんの花』の花の王さまとお妃さま。

同じくアンデルセンの『バラの花の精』のバラも愛と美を象徴していますが、花々は秘密を暴露し、罪を裁くという恐ろしい面も持ち合わせています。この物語は汎神論的な色合いを帯びていて、神々はバラなどの花の中に住み、悪事を暴き、復讐します。物語の中心になるのが、バラの花びらの中に住む妖精で、あるお姫さまの恋人が彼女の兄に殺されてしまうのを目にします。恋人を失ったお姫さまは悲しみのあまり死んでしまいました。しかし殺された恋人の頭から伸びてきたジャスミンの花の中に住む妖精が、兄の悪事を白日の下にさらし、命を奪います。最後には、女王バチが悪に復讐する花の力をたたえ、どんなに小さな花も神であり、どんな秘密も悪事も見逃さない、と謳います。

　『野の白鳥』では、バラはエリザ姫の美を表しています。魔女の継母はエリザを追い出し、彼女の11人の兄弟を白鳥に変えてしまいます。エリザは魔女だと言われ、火あぶりの刑に処されますが、火刑用の薪がバラの茂みに変わり、バラの芳香があたり一面に漂いました。バラの茂みの頂点には、彼女が王さまと結婚したときに摘んだ1輪の白バラが現れました。

愛のバラ

　『世界一の美しいバラの花』でも、バラは美と愛、そして神の愛の象徴です。あるところに花が大好きな女王さまがいました。女王さまはどの花よりもバラを愛し、庭ではありとあらゆる種類のバラが育てられていました。けれども女王さまは病気にかかってしまい、お医者さんたちも匙を投げました。ただ一人だけ、世界一の美しいバラなら病気を治せるだろう、と言ったお医者さんがいます。民は庭や野からバラを持ち寄りましたが、どれも病気を治してはくれません。きっとほかに美しいバラがあるのだろうと探してきても、効き目はありません。最後に女王さまの息子が聖書を持って部屋に入ってきて、イエスさまが十字架にかかったお話を語ると、女王さまの頬は艶を取り戻しました。世界一の美しいバラは聖書に咲いていたようです。それは、イエスさまが十字架の上で流した血から咲いたバラだったのです。

　キリストは十字架にかけられ、手に釘を刺されて、脇腹を槍で突かれました。その血の滴ったところからバラの茂みが伸びた、という話はいくつもの昔話に出てきます。こうしたバラは神の愛、神の犠牲の美しさを示しています。また、空に漂うバラの芳香は、神聖さや目に見えない天使の存在を表しているという説もあり、お祈りをしていたらバラの香りが漂ってきたという話も伝わっています。東方正教会では、伝統的に大天使バラキエルは白バラを持った姿で描かれ、花びらを撒いている場面の絵もあります。

バルトロメ・ロマン《大天使バラキエル》（1600年頃）。バラキエルは、神の祝福と高徳な人生を象徴するバラの花びらを撒いている。

「君がこのバラのために
　　時間をたっぷりとかけたからこそ、
　　　　このバラは大切なんだよ」

アントワーヌ・サン＝テグジュペリ
『星の王子さま』（1943年）より

9

THE ROSE IN MODERN CULTURE

(1851–)

近代・現代文化の中のバラ(1851年以降)

バラは何世紀にもわたり、宗教、詩、芸術、文学、音楽、医学、

ファッション、香水、インテリア、料理、

そして庭園の中で重要な位置を占めてきました。

近代に入ると、この至高の花は新たな文化表現の一手段にもなります。

近代・現代文学やポップカルチャー

――漫画や映画やポップミュージック――はバラを用い、

たたえ、モチーフにしました。

バラは社会的な出来事や政治でも象徴を担い、新境地を開きます。

もちろん、モード、タトゥー、絵画、彫刻も忘れてはなりません。

ロサ・カロリーナ

幅広く社会に浸透するバラ
ROSES IN PUBLIC LIFE

1986年11月20日、
当時のアメリカ合衆国大統領ロナルド・レーガン（在職1981-89年）は、
大統領布告5574号で、バラをアメリカ合衆国を象徴する花と定めました。
レーガンは20世紀におけるバラの様々な意義を列記し、次のように述べています。

「バラはほかのどの花よりも、命、愛、献身、美、
永遠の象徴として親しまれている」

ロナルド・レーガン（1986年）

布告は、初代大統領ジョージ・ワシントン（在職1789-97年）がバラの交配を行っていたこと、合衆国のすべての州でバラが栽培されていること、大統領公邸ホワイトハウスにも素晴らしいバラ園があることに触れてから、バラは「愛と献身」、そして様々な形の愛——男女間の愛、人間と神の愛、国への愛——を表していると述べています。また、芸術、音楽、文学におけるバラの重要性を指摘し、「祝辞やパレードの装飾にバラが用いられ（中略）、祭壇や世俗の記念建築物や尊敬すべき故人たちの眠る墓地にも、バラがふんだんに飾られている」「真摯に語ろうとするアメリカ人なら、バラを通じて語る」と明言しました。

バラは公式行事において重要な役割を担っています。新年にカリフォルニア州パサデナ、コロラド通りで開催されるローズ・パレードはアメリカ最大の花のパレードです。このイベントは1890年の新年の祝賀をきっかけに始まり、1902年には資金集めのためにカレッジフットボールの試合が加わりました。2020年のパレードでは山車40台、マーチングバンド20個が参加しました。

　アメリカでこれに次ぐ規模の花のパレードが、ポートランド・ローズフェスティバルで、バラの町として知られるオレゴン州ポートランドで毎年6月に開催されます。ポートランドは1889年に初めてバラの品評会が開かれた町でもあり、1917年には国際バラ試験庭園も設立され、ジェシー・カレー（ポートランドバラ協会会長）が初代園長を務めました。ワシントンパークにあるこの園は、当時ヨーロッパで栽培されながらも第一次世界大戦で危機にさらされていたバラの交配種を受け入れ、現在でも、世界中からバラの新たな栽培品種が送られ、650種を超える1万本以上もの苗木が育てられています。

　「バラの町」はポートランドだけではありません。ポーランドのクトノでは1975年以降毎年、ローズフェスティバルが開催され、品評会や民族音楽のお祭りも開かれます。近隣のウッチの町や地域の育種家たちがバラを披露し、ラトビア、リトアニア、ロシアからの花やフラワーアレンジメントの専門家が集まります。ローズフェスティバルは、モロッコのケラア・ムグナなどをはじめいくつもの町で開かれています。

パサデナのローズ・パレードは地元の社交クラブ、ヴァレー・ハント・クラブにより1890年以降、ほぼ毎年開かれている。

文学の中のバラ
THE LITERARY ROSE

近代やポストモダンの文学においても、バラはシンボルとして、
何世紀も前から託されていた意義を保ち続けました。
ウンベルト・エーコ（1932-2016年）は
1980年に発表した名作『薔薇の名前』について、
バラには数え切れぬほどの重要な意味が託されているため、
かえって中立的である——あまりに意味深長で、
逆に無意味だ——と述べています。

　なぜ小説のタイトルに「薔薇」を選んだのかという議論で、エーコは「完全に中立的なタイトル」を探していたと述べ、「象徴としてのバラにはあまりに多くの意味が込められてきたため、今となってはほとんど意味らしい意味が残されていない」と論じました。14世紀の北イタリアの修道院を舞台にしたこの物語は、殺人事件を軸にしたミステリー小説でありながら、神学、宗教史、哲学、文学理論など多領域の概念がちりばめられています。新約聖書『黙示録』や、シャーロック・ホームズを著したアーサー・コナン・ドイル（1859-1930年）、アルゼンチンの小説家ホルヘ・ルイス・ボルヘス（1899-1986年）、フランスの小説家アレクサンドル・デュマ（1802-70年）、イギリスの小説家ラドヤード・キップリング（1865-1936年）など先人たちへの多くの言及は、この作品に奥行きと広がりをもたらしています。また、オーストリア・イギリスの哲学者ルートヴィヒ・ウィトゲンシュ

マーガレット・ストッダート《ばら》(1920年頃)。バラの美しさは移ろいやすい。『薔薇の名前』は失われたバラ——アリストテレスの喜劇についての失われた書、または、作中でアドソを誘惑し、魔女として火あぶりの刑を宣告された田舎娘——の物語であるとする見方もある。

タイン (1889-1951年) の著書をはじめとする哲学書も援用され、古代ギリシャの哲学者アリストテレスの失われた書物をめぐって物語が展開していきます。文学におけるポストモダン運動の一端を担う『薔薇の名前』は、目的性や意味を退けており、その意味ではエーコが「中立的なタイトル」を求めたのも理にかなっています。主人公のバスカヴィルのウィリアムは、長い時間をかけて推論を重ね、最後にはそれぞれの事件には「共通項はない」との結論に至ります。

タイトルは「中立的」であると同時に、形而上学や哲学における普遍的問題ともつながっています。イングランドのフランシスコ会修道士・哲学者オッカムのウィリアム (1285-1347年頃) は「普遍的な薔薇などというものは存在しない。あるのは薔薇の名前のみ」と書いていますが、『薔薇の名前』の最後は、「昔日の薔薇はその名前のうちにのみ留まっている。我々はただむき出しの名前のみを所有している」と締めくくられています。

『「バラの名前」覚書』には、17世紀メキシコの修道女・詩人ソル・フアナ・イネス・デ・ラ・クルス（1651-95年）の詩も引用されています。

「草原に咲く赤いバラ、
　　雄々しく誇らしげに伸び
　深い真紅に色づき、
　　芳香を惜しげもなく漂わせる
　けれども世の常で
　　間もなく幸せも終わりを告げるだろう」

ソル・フアナ・イネス・デ・ラ・クルス

この詩におけるバラの象徴はごくわかりやすく、生あるものは生命力と美しさにあふれてはいても、いつかは絶えることを表しています。

インスピレーションをもたらす
ミューズのごとく

フランスの飛行士・小説家のアントワーヌ・ド・サン＝テグジュペリ（1900-44年）の『星の王子さま』は、奥深い名作ですが、ここでもバラが中心的役割を演じています。1943年にアメリカでフランス語・英語で出版されたこの本は、美と愛という古典的テーマを描いています。バラが一人の女性、すなわちサン＝テグジュペリの妻を表していると言われることからも、彼のプライベートな面が色濃く出ているのが特徴で、ジャンルとしては幼児向け書籍ではあるものの、大人の興味をもそそる内容です。飛行士である語り手はサハラ砂漠に不時着し、金髪の陽気な少年——宇宙からやってきた王子さま——と出会います。王子さまの故郷の惑星B612ではバラが育ち、3つの火山があって、そのうち1つは死火山です。王子さまは自分がバラに恋したこと、愛情を込めて育てて、風が当たらないようにガラスで覆ってあげたことを語ります。けれどもバラは少しわがままでいつも不満ばかり言っているので、とうとう王子さまは宇宙の旅に出ました。王子さまが出発するときのバラは悲しげで、どんなにあなたを愛しているか伝えられたらよかったのに、私がほしかったのは、ガラスの覆いやお世話なんかではなかったのよ、と嘆きます。後になって王子さまは、自分がバラを理解していなかったこと、愛し方を知らなかったことに気づき、後悔します。そして、自分の愛するバラは世界に1輪しかないと思っていたのに、地球で果てしなく広がるバラの茂みを見て目を丸くしました。

アントワーヌ・ド・サン＝テグジュペリ『星の王子さま』の挿絵。サハラ砂漠で、飛行士である語り手の飛行機が不時着し、金髪の男の子と出会う。男の子は遠い惑星からやってきた王子さまで、バラを愛していた。

サン゠テグジュペリの伝記を記したポール・ウェブスターなどの解説者たちは、バラのモデルは著者の妻コンスエロであると主張しました。サン゠テグジュペリの結婚生活は苦労続きでしたが、ウェブスターによれば、コンスエロはアントワーヌにとってインスピレーションを与えてくれるミューズであり、「おびただしい数の書簡には、彼の思いがたっぷりと綴られて」いるそうです。彼女の出身国エルサルバドルは、火山の国として知られる小国で、美しいバラと火山の惑星のモデルであることは明らかです（コンスエロの没後、2000年には、夫との生活を綴った回想録『バラの回想』が出版されました）。砂漠でバラを見た王子さまは、今まででこの世に1本しかないと思っていたバラが実は無数にあることに気づきますが、ここには著者の結婚生活への不安（そしてもしかすると夫の不貞）が隠れているとも考えられます。

短編小説におけるバラの象徴

　アメリカのホラー・ミステリー作家シャーリイ・ジャクスン（1916–65年）の短編小説『悪の可能性』も、バラの象徴を生かした現代小説です。1965年にサタデー・イブニング・ポスト誌に掲載された作品で、人のよさそうな老婦人ミス・ストレンジワースは、庭で育てているピンクや白や赤いバラと、こざっぱりとした家が大の自慢でした。けれども実は彼女は匿名で、自分の住む小さな町の住人達に意地の悪い手紙を送っていました。秘密やゴシップをぶちまける内容の手紙は、世の中は悪に蝕まれているとの彼女の考えを表しています。あるとき、彼女の書いた1通の手紙が落ち、これを拾った男の子は宛先と思われる人に届けました。翌日、ミス・ストレンジワースは今まで自分が書いてきたような悪意に満ちた手紙を受け取ります。手紙には、彼女が手塩にかけて育てているバラがひどい目に遭うだろうと書かれていました。

　このバラはミス・ストレンジワースの祖母が植えたもので、彼女と町とのつながりを象徴しており、彼女は町の人々がバラを摘むのをとても嫌がっていました。彼女にとって、「バラはプリーザント通りのもので、それを持ち帰ろうとする人がいるなんて不愉快なこと」でした。バラは彼女の完璧への欲望、理想化された生活のシンボルだったのです。美しくも棘がある姿は、ミス・ストレンジワースの見せかけの感じのよさと奥底に秘めた不快な部分を象徴しています。

　1930年にフォーラム誌に発表されたウィリアム・フォークナー（1897-1962年）の短編『エミリーに薔薇を』のバラは、秘密、そしておそらく保管<ruby>保管<rt>プリザーブド</rt></ruby>された美をほのめかしています。これまで見てきたように、古代エジプトやそれに続く古典時代から、バラは秘密や沈黙と深く関係していました。この物語に登場するのは、アメリカ南部に住む孤独な中年女性エミリー・グリアソン、執事トービ、行方不明の労働者ホーマーです。しかしエミリーの死後、彼女のベッドでホーマーの変わり果てた遺体が見つかり、その横の枕には彼女の髪の毛がついていました。つまり、何年もの間エミリーは死体とベッドを共にしていたのです。ホーマーの遺体が、まるで本の間に挟まれたバラの花びらのような状態だったことから、この小説のバラは保管<ruby>保管<rt>プリザーブド</rt></ruby>された美の象徴であるとの解釈が可能です。また、エミリーが人知れずホーマーの遺体を保管していたことから、バラは秘められた物事や、ホーマーへのエミリーの愛を暗示しているとも考えられます。

バラは完璧、愛、美の象徴。枯れゆくバラは、いくら人間が死や時の流れを免れようとしても、完璧も愛も美も永遠ではないことを暗示している。シャーリイ・ジャクスンやウィリアム・フォークナーの作品でも、こうしたテーマが扱われている。

銀幕の中のバラ
THE SCREEN ROSE

20世紀は映画という、力強いビジュアルで
感情を大きく揺さぶる新たな芸術を生み出し、
映画監督たちは、バラに多くの役割を託しました。
昔話や妖精譚、文学や芸術、宗教同様、
映画においてもバラは移ろいやすい愛と美、
過ぎ行く時の悲しみを表し、
つぼみが開いて秘密を明らかにする姿は神秘を想起させます。

赤いバラは
愛と美の象徴。

美女と野獣

　1991年のディズニー映画『美女と野獣』のバラは重要な役回りで、象徴的な意味を担っています。この映画はフランスの物語作家ガブリエル＝シュザンヌ・バルボ・ド・ヴィルヌーヴ（1685-1755年）による1740年のおとぎ話と、後年のジャンヌ＝マリー・ル・プランス・ド・ボーモン（1711-80年）によるバージョンをベースにしています。またフランスでは、1946年に文人ジャン・コクトー

（1889-1963年）により映画化もされました。
　ディズニー版では、魔女がフランスの城に住む王子を訪ね、バラを1輪差し出して、一晩泊めてほしいと頼みます。けれども高慢で思いやりのない王子はこれをはねつけました。魔女は呪文を唱え、王子を野獣に、召使たちを家財道具に変えてしまい、王子が21歳になる前、魔法のバラの花びらの最後の1枚が落ちる前に、愛することを学び、若い娘の心を射止めない限り、魔法は永遠に解けることはないと言いました。あ

るとき、ベルという名の美しい娘が城を訪れ、野獣と出会います。最後の花びらが落ちる前、野獣は猟師に襲われて、ベルの腕の中で息絶えます。けれどもベルが野獣に愛を告白すると、魔法が解け、野獣は息を吹き返し、ハンサムな男性の姿に戻ります。こうして2人はいつまでも幸せに暮らしました。

　2017年のビル・コンドン監督による実写版では、エマ・ワトソンがベル、ダン・スティーヴンスが野獣を演じました。ここでも、バラは美、愛、時の流れ、そして神秘を表しています。多くのおとぎ話同様、この話でも鍵となる登場人物の外見は醜く、見かけは必ずしも中身と一致しません。原作では、ベルは商人のお父さんにバラがほしいと言い、お父さんは悪天候を避けて入った野獣の城でバラを見つけて摘みます。しかし野獣に見つかって命を奪われそうになり、娘を差し出せば許してやろう、と言われます。そこでベルが代わりに人質になり、最後には野獣に恋をし、野獣は王子さまに戻るのです。

2017年の実写版『美女と野獣』のフランス版ポスター。野獣は21歳になる前に、魔法のバラの最後の花びらが落ちるよりも先に若い娘の愛を勝ち取らねばならない。

アメリカン・ビューティー

　1999年にアカデミー賞を受賞したサム・メンデス監督の映画『アメリカン・ビューティー』にもバラが出てきます。ケヴィン・スペーシー演じるレスター・バーナムは広告代理店に勤めていますが、中年の危機の真っただ中。しかし、あるとき娘の親友に恋をしてしまい、性的妄想を抱くように……。赤いバラの花びらは彼のファンタジーの中で重要な役割を担っている上に、妻キャロラインと住む家には鉢植えのバラがところ狭しと置かれています。バラはレスターの性的欲望や責任から逃れたいという自分勝手な願望の表れであると同時に、自由の対極にある郊外の画一的な生活をも象徴しています。最後にはレスターは当然の報いを受け、彼の流す血とバラの鮮やかな赤が重なります。

Vフォー・ヴェンデッタ

2005年の衝撃的なスリラー映画『Vフォー・ヴェンデッタ』のバラは、自由と幸福や、無情で機能一辺倒の世界における美のはかなさを表しています。1988年のアラン・ムーアの小説(デヴィッド・ロイドによるイラスト)を原作にジェームズ・マクティーグ監督が描く世界は、2032年の失楽園的未来。自由のために戦うアナーキーなV(ヒューゴ・ウィーヴィング)は、ファシスト的イギリス政府との争いを繰り広げます。バラは絶滅したと思われていましたが、Vはこれを育てていて、暗殺するごとに死体の横に1輪残します。暗殺されたのは、かつてVをラークヒル強制収容所で拷問した人々でした。

　Vは、レズビアンというだけで拷問されて殺された友人ヴァレリー・ページを偲んで、バラを育てていました。彼女の残した手紙には、かつてロンドンで幸せに暮らしていた頃に、恋人が彼女のために真紅のバラを育ててくれたこと、「私がもっとも幸せだった時代」、「私たちの家はいつもバラの香りで満たされていた」こと、「バラのあったあの3年間は、誰に謝る必要もなかった」ことが綴られていました。

　この映画のバラは、過ぎし日の喜びと、欲しいものを欲しいと言える女性の自由を表しています。映画では赤いバラ 'グラン・プリ' が使われ、「スカーレット・カーソン」と架空の名で呼ばれますが、小説では実在する栽培品種 'ヴァイオレット・カーソン' が出てきます。これは高名な北アイルランドの育種家サミュエル・マクグレディIV(1932-2019年) により作出されたバラで、イギリスの女優ヴァイオレット・カーソンにちなんで命名されました。

『アメリカン・ビューティー』で使われたバラは、1875年にフランスのアンリ・レデショーにより作出されたディープピンクの栽培品種 'マダム・フェルディナン・ジャマン'

ローズマリーの赤ちゃん

　1968年のホラー的要素の強い『ローズマリーの赤ちゃん』（ロマン・ポランスキー監督、ミア・ファロー主演）では、バラは女性に対する暴力とリンクしています。ローズマリーはニューヨークに越してきますが、隣人は悪魔を崇拝していました。あるとき薬を飲まされた彼女はレイプされ、悪魔の子を宿します。ローズマリーがバラに触れるシーンや、夫からバラを贈られるシーンは、彼女の純粋さやもろさを表しています。同時にバラは、悪魔崇拝者たちが悪魔の子を生ませるために利用しようと狙う彼女の繁殖力の象徴でもあります。

市民ケーン

　オーソン・ウェルズの古典的作品『市民ケーン』（1941年）には、バラは直接登場しませんが、「バラのつぼみ」という言葉が重要な意味を持っています。チャールズ・フォスター・ケーン（ウェルズ本人）は新聞王ですが、「バラのつぼみ」とつぶやいて死にます。そこで、ある編集者はその意味を突き止めようと動き始めます。調査を進めるに従い、ケーンの歩みが明らかになっていきますが、編集者はどうしても謎を解けませんでした。エンディング、観客は、「バラのつぼみ（ローズバッド）」はケーンが幼かった頃に遊んだそりのメーカー名で、死の際から人生を振り返った彼が、屈託のない幸せだった時代を懐かしんで口にしたのだと悟るのです。

映画のサウンドトラックの中のバラ

　1947年のデニス・モーガン（1908-94年）主演映画『マイ・ワイルド・アイリッシュ・ローズ』は、アイルランド系アメリカ人テノール歌手チョーンシー・オルコット（1858-1932年）の生涯を描いた作品で、映画で流れるオルコットによる同名の歌も人気を博しました。歌では若い女性が彼にアイルランドの野バラを差し出しますが、この野バラは彼女自身を表しています。

「ぼくのアイルランドの野バラ
　　どの花よりも優し気な花
　どこを探しても
　　ぼくのアイルランドの野バラに
　　　　　　　勝る花はない」

奥ゆかしく頭を垂れ、人気のないところに咲いているバラ（彼女）。歌い手は、何とかそんな彼女の心を射止めようとします。

「ぼくが通りかかっても、
　　彼女の眼差しは内気だ
　　　あのあずま屋で真実の愛が育つ
　ぼくの唯一の望み、それはいつの日か
　　ぼくのアイルランドの
　　　　野バラの心を射止めることだ」

チョーンシー・オルコット
『マイ・ワイルド・アイリッシュ・ローズ』（1899年）より

『ローズ』(1979年)のポスター。ミドラー演ずる「ローズ」ことメアリー・ローズ・フォスターは開花し、朽ち果てる。生き急ぐ姿は正真正銘のロックアーティスト。

　『ローズ』(1979年)はロック＆ブルース歌手ジャニス・ジョプリン(1943-70年)をモデルにした映画で、ベット・ミドラーがボーカリスト「ローズ」の役を演じました。主題歌はアメリカのソングライター、アマンダ・マクブルームによるもので、ミドラーはグラミー賞を受賞しました。この歌のバラは、希望と愛の復活を象徴しています。

　フランスの歌手エディット・ピアフの大ヒット曲『ラ・ヴィ・アン・ローズ（バラ色の人生)』は、1947年に発表され、アメリカでも大変な人気となり、ビング・クロスビー、ディーン・マーティン、ルイ・アームストロング、グレース・ジョーンズなど数々の大物ミュージシャンがカバーしました。英語の歌詞には以下のような一節があります。

「冬になったら思い出して
　　つらい雪の下には
　種が眠っていることを
　　春なれば太陽の愛と共に、
　　　　バラが咲くことを」
『ザ・ローズ』(1979年)より

「あなたが抱きしめてくれると
　　　別の世界に変わる
　バラが花咲く世界に」
『バラ色の人生』(1947年)より

アーティストに愛されたバラ
THE ARTIST'S ROSE

20世紀から21世紀にかけても、
多くのアーティストたちがバラのイメージを作品に取り込みました。
花を画面いっぱいに描いた絵で有名なアメリカのアーティスト、
ジョージア・オキーフ（1887-1986年）は、
画家人生を通じて実に2000点以上もの作品を残しました。

オキーフの作品にはバラも登場します。白い
バラをアップで描いた《アブストラクション・ホワイ
トローズ》（1927年）は、ピンク色やグレーがかっ
た黒の影が散らされ、半抽象的な渦巻きのよう
な白。4年後に制作された《牛の頭蓋骨とカリコ
ローズ》では、牛の頭蓋骨と2輪の白いカリコ
ローズが描かれています。カリコローズとは、
ニューメキシコで墓地に手向けられる一種の造
花です。

彼女は大スケールの絵を通じて花の美しさを
たたえつつ、多くの文化との結びつきを柔軟に
制作活動に利用しました。同時に、巨大で刺激
的なイメージで人々の感情を揺すぶり、花を真
剣に見つめるように仕向けたのです。彼女は次
のような言葉を残しています。

「花は概して小さい。
誰もが花や花という概念に
たくさんの思い入れがある。（中略）
だが真剣に花を見ようとする人はいない。
花はあまりに小さく、
私たちは時間に追われているから（中略）。
だから私は、
自分の見たものを描こう、
ただし大きく描く、
そうすれば人々は不意をつかれて
じっくりと眺めるだろう、と考えた」

ジョージア・オキーフ、油絵とパステル画の展覧会
（1939年1月22日-3月17日開催）での言葉

サルバドール・ダリ《瞑想するバラ》(1958年)。
バラは地に立つ2人の愛を表している、という見
方も。

© Salvador Dalí,
Fundació Gala-Salvador Dalí, DACS 2020

サルバドール・ダリ（1904-89年）は、伝統の
流れを汲み、バラに若さや美の象徴を託しまし
た。彼の作品では、女性の髪の毛や頭部の代
わりにバラの花束が繰り返し描かれています。
《ファッションへのオマージュ》(1971年)、《不思
議の国のアリス》(1977年)、《バラの頭の女性》
(1981年) などの彫刻作品がそうで、《時間の女
性》(1973年) の女性像はバラの茎の部分をもっ
て高く掲げ、腕には溶けた時計（ダリのトレード
マーク的オブジェ）がかけられています。また絵
画作品《瞑想するバラ》(1958年) では、黄色
と茶色の荒涼とした風景（おそらくスペイン）に2
人の人間が立っていて、空には完璧な赤いバラ
がぽつんと浮かんでいます（上参照）。この2人
は恋人で、バラは彼らの愛を象徴している、と
の解釈もあります。

近代・現代の芸術家とバラ

フランスの印象派クロード・モネ（1840-1926年）や、ドイツ・デンマークの画家エミール・ノルデ（1867-1956年）、スイスの彫刻家・版画家アルベルト・ジャコメッティ（1901-1966年）など、近代・現代の芸術家たちの描くバラのイメージは優雅そのもの。モネはパリ近郊ジヴェルニーの邸宅で過ごすことが多く、美しい庭園を造り上げました。花や風景を描いた多くの作品には、彼の「コントロールされた自然」への追求が反映されています。ノルデの華やかな油絵《道に咲く花》（1935年）には、田舎の道沿いに咲き乱れるゴージャスな赤いバラが描かれています。ジャコメッティの優れたリトグラフ《バラのブーケ》（1961年）では、テーブルの上の花瓶にバラが活けられています。

アメリカのアレックス・カッツ（1927年生）のバラをはじめとする花の絵は、観る者の興味をそそります。2001年の《赤いバラと青》では、真青を背景に格子あるいはフェンスに沿って伸びる赤いバラと緑の葉が描かれています。《白いバラ》（2012年）では、青を背景に開花状態の異なる10本の白いバラが咲き、緑の葉や茎が見えます。《バラのつぼみ》（2019年）では、緑がかった青を背景に、開き具合の異なる2輪のつぼみ──1輪は閉じ気味、もう1輪はすっかり開いた状態

──が描かれています。どの絵も空間と奥行きに遊び心が感じられ、花の動きが画面全体やその外にまで伸び、視線を引きます。さかのぼること1968年、カッツは花の絵と人物画を比べ（彼はカクテルパーティーに集まった人々をよく描いていました）、グループになった人々と同じく、花も「その量感が重なり合っている」と語っています。

バラは近代・現代芸術で変化を遂げ、作品に描かれる対象から作品そのものになりました。オランダのヘルマン・デ・フリース（1931年生、彼は平等の理念から自らの名前をすべて小文字でherman de vriesとスペルしています）による《ロサ・ダマスケーナ108ポンド》（2013-15年）は、2015年に開催された第56回ヴェネツィア・ビエンナーレのオランダパビリオンの作品の一つで、数千個のバラのつぼみが床の直径4メートルのサークル内に敷き詰められています。これまで見てきたように、ロサ・ダマスケーナはローズオイルや香水用に栽培されている花で、この作品が展示されていた部屋にも、バラの香りが漂っていました。フリースは18歳だった1949年から2年間庭師見習いを務めた経歴の持ち主で、1960年代には、オランダ、アーネムの自然環境応用生物学研究所（Institute for Applied Biological Research in Nature）に勤務しました。

クロード・モネ《バラに囲まれた家》（1925年）。フランスのジヴェルニーにあるモネの家を、バラが咲く通りから眺めた風景。ドラマティックなピンクと赤のバラが、モネ独特の印象派のタッチで描かれている。

そびえ立つバラ

ドイツの彫刻家でコンセプチュアル・アートも手がけるイザ・ゲンツケン（1948年生）の代表作品《薔薇II》（2007年）は巨大なバラです。高さ11メートル、アルミニウムとスチールでできていて、2010年にニューヨークのニューミュージアムの正面に展示されました。現在は、マンハッタンのニューヨーク近代美術館（MoMa）のアビー・アルドリッチ・ロックフェラー彫刻庭園で観ることができます。作品名が《薔薇II》なのは、すでに1993年にこの巨大なバラ作品が3点制作されたから。バラ栽培で有名なドイツのバラの都バーデン・バーデンに住むアートコレクター、フリーダー・ブルダの注文によるもので、バーデン・バーデンの個人宅や東京の六本木ヒルズにあります。

ゲンツケンは2016年にも、スチールを使って8メートルの高さの《薔薇III》を制作しました。こちらは本物のバラをモデルにした黄色いバラで、ロウアー・マンハッタンのズコッティ・パークに設置されています。この公園は私有地でありながら一般公開されており、2011年の「ウォール街を占拠せよ」（アメリカの経済・政治に抗議する一連の運動）で占拠されたこともあります。こうした背景や、バラと民主社会主義のつながりから、この作品には政治的意味合いが込められているとする意見もあります。

ファッションとバラ

20世紀を通じて、バラはファッション界お気に入りの花でした。フランスのデザイナー、ポール・ポワレ（1879-1944年）はクチュール界で、アート界のパブロ・ピカソ（1881-1973年）にも匹敵するほどの絶大な影響力を持ち、「ファッションの帝王」の異名を取った人物です。彼は自らが設立したオートクチュールブランドのシンボルとしてバラを選び、フランスのイラストレーター兼デザイナー、ポール・イリブ（1883-1935年）にバラのモチーフデザインを依頼しました。

クリスチャン・ラクロワ、イヴ・サンローラン、ドルチェ＆ガッバーナなど多くのデザイナーたちも、たびたびバラを取り入れた美しいデザインを発表してきました。サンローランのローズプリントドレスや、ドルチェ＆ガッバーナのロマンティックローズプリントのジャンプスーツはその一例です。

ストリートアートに目を向ければ、タトゥーのモチーフとしてもバラは息の長い人気を誇っています。

ニューヨーク、活気あふれるロウアー・マンハッタンに立つイザ・ゲンツケンの《薔薇Ⅲ》。高さ8メートルの彫刻作品で、空に向かうフラワーモチーフの摩天楼の趣。

政治の中のバラ
THE POLITICAL ROSE

19世紀末以降、赤いバラは民主社会主義をも象徴するようになります。
根底には、遅くとも1848年のフランス革命で、
赤と社会主義とが結びつけられたことがあると考えられます。
フランスの社会党は1971年に赤いバラをシンボルに採用し、
イギリスでは1987年の選挙の際に、
労働党が（赤旗に代わり）赤いバラをシンボルに定めました。
同党の参謀の一人であるピーター・マンデルソンによる決定だったと
する説もある一方、当時党首だったニール・キノックは公式の場で、
決定を下したのは自分だったと述べています。

　　第二次世界大戦では、ドイツ第三帝国の圧政に反対して、非暴力の抵抗運動が起こりました。この運動は「白バラ抵抗運動」と呼ばれ、メンバーたちは反政府運動を呼びかけるビラの配布や落書きなど、地下活動を繰り広げました。リーダーのハンス（1918–43年）とゾフィー（1921–43年）のショル兄妹やクリストフ・プローウスト（1919–43年）は秘密警察ゲシュタポに逮捕され、見せしめの裁判にかけられたのち、1943年2月22日に処刑されました。ハンスは尋問中、

フランス
社会党のロゴ

赤は社会主義と結びついている。

ドイツのロマン派詩人クレメンス・ブレンターノ（1778–1842年）の作品に感銘を受けて「白バラ抵抗運動」と命名したと言っています。ただしハンスは、アジトを提供していた書店主ヨーゼフ・ゼーンゲンをかばうために尋問で虚言を並べた、とする説もあります。

　左派とバラのつながりは、「パンとバラを！」というスローガンや、アメリカの詩人ジェームズ・オッペンハイム（1882–1932年）の詩『パンとバラ（*Bread and Roses*）』にも表れています。この詩のヒントとなったのが、アメリカで女性選挙権運動を展開したヘレン・トッド（1870–1953年頃）が1911年に「すべての人にパンとバラを」と呼びかけた記事です。オッペンハイムの詩には下のような一節があります。

　広く使われるようになった「パンとバラ」のフレーズからは、公正な対価と人並の生活への渇望がうかがえます。トッドは次のように記しました。

「この国の、
　　女性が物申すことのできる
　　　　　　政府のもとで生まれる
すべての子どもに
　　人生のパン、すなわち家、
　　　　　　住まい、安全と、
人生のバラ、すなわち音楽、
　　教育、自然、
　　　　　　本が与えられるとき、
　　育児と女性の投票は
　　時代に寄与することになるだろう」

ヘレン・トッド（1911年）

「私たちは生まれてから人生を閉じるまで、
　　一生低賃金で労働させられるわけにはいかない
　　　　心も体と同様に飢えている。私たちの手にパンだけでなくバラも」

ジェームズ・オッペンハイム『パンとバラ』（1911年）より

色の持つ意味
COLOR MEANING

花言葉はフロリオグラフィとも呼ばれ、
書き言葉を使わずにメッセージを伝えることができます。
一説には、オスマン帝国の後宮に侍る女性たちが
話すことを禁じられていたために、花に言葉を託したのが始まりだとか。
バラはその色により意味が異なります。
赤いバラは愛と情熱、白いバラは無垢、
ピンク色のバラは幸福、黄色いバラは友情。
ただしドイツでは、黄色いバラは愛情の衰えや不貞のシンボルともされています。

愛と情熱　　　　　　　　無垢　　　　　　　　幸福　　　　　　　　友情

ブラックローズ

黒いバラは無政府主義(アナーキズム)の象徴で、1970年代には無政府主義を標榜する新聞、ブラックローズがボストンで発行されていました。

1990年代には、アメリカの哲学者・言語学者ノーム・チョムスキー（1928年生）や政治哲学者マレイ・ブクチン（1921-2006年）などそうそうたる知識人による講義集が、「ブラックローズ」のタイトルで発表されました。

イギリスの労働党内にも、ブラックローズと呼ばれる無政府主義的な社会主義グループがあります。

ライダー・ウェイト版のタロットカード。バラの花と棘は力強さの象徴。

バラと色のシンボルは、占いなどで使われるタロットカードにも見られます。遅くとも1400年代にさかのぼるタロットカードは、20世紀になっても人気が衰えることなく、とりわけ1960年代から70年代にかけての反体制文化で盛んに用いられました。主に1910年頃のライダー・ウェイト版と、1969年のトート版が普及しています。「愚者」は白バラを手に犬と一緒に断崖を歩いている姿で描かれることが多いのですが、これは純粋さや、卑俗な欲望からの解放を意味していると言われます。「魔術師」は天国と地を指さしている偉人の姿で、テーブルには地・風・火・水のエレメントのシンボルが置かれ、テーブルの手前にはバラとユリが見えます。

一説にはこのカードは、つぼみが開くにつれ美しさが明らかになるバラにちなんで、精神修養を通じて得られる英知を示し、バラの芳香は英知のもたらす甘美さを象徴しているとか。「力」のカードには、若い女性とライオンが描かれており、女性はバラなどで編まれた花冠や花帯を身に着けています。これは優しさと豊穣、花と棘という自然の二元的な力のシンボルと考えられています。「死神」のカードには骸骨や死神が描かれ、旗には無垢の象徴である白バラが見えます。

エピローグ：**バラ色のガラスを通して**

EPILOGUE:
THROUGH ROSE-
COLORED GLASSES

私は「自分の好きなことに励みなさい」との言葉に従い、
ジョージア州アトランタでバラ園の設計やメンテナンスのビジネスに乗り出しました。
もう何年も前のことです。植物などの美しいものに囲まれて過ごすのが私の夢で、
花や樹木を見ているだけで、自然と頬が緩みます。
ラッキーなことに、ビジネスを始めるとほどなくして、
「ローズガイ（バラ男）」と呼ばれるまでになりました。

　私は冒険に乗り出す前に、自分の知っているバラ変種に目を向け、バラ業界の偉人たちに彼らの手がけるバラについて教えを乞いました。サウスカロライナ州でナーセリー（育苗所）、ローズ・アンリミテッド社を経営する友人パット・ヘンリーと、バラ協会支部のエレベーターに乗ったときのことです。パットはバラの鉢を持っていたのですが、私が「これは何のバラ？」と聞くと、この上なく親切かつ熱心に、このバラがいかに素晴らしいかを教えてくれました。何よりも、このバラが庭でどんなふうに育つか説明してくれたときの純粋に楽しそうな様子は、私の胸に深い印象を残しました。私はすっかり嬉しくなり、次から次へとバラに関する話に耳を傾け、購入しました。その一部はインターネットで、華やかな写真に惹かれて買ったのですが、たいてい殺菌剤や殺虫剤が同梱されていました。当時、植物を購入すると化学処理剤がついてきたのです。私の顧客は完璧なバラを求めていましたし、私もそうした希望に沿いたい一心で処理剤を用いました。

　10年後、私はニューヨーク植物園にあるペギー・ロックフェラー・ローズガーデンのキュレー

ターに任命され、ニューヨークに移り住みました。かれこれ20年来、化学薬品による処理が行われていましたが、当時はバラ園のコレクションが見直されているところでした。実際、2007年にリニューアルオープン

したものの、2008年には公共空間での化学薬品の使用を禁じるニューヨークの地域法が制定されました。つまり、世界でも有数のバラコレクションを最高の水準に保つのが、いささか難しくなります。そこで私は一からやり直すことにしました。化学処理に頼らずに高温多湿（つまり病気が蔓延しやすい）環境で丈夫に育つバラを知らないかと知人に聞いて回ったときには、「グッドラック」と笑った人もいれば、提案をしてくれた人もいて、少数ながらもすでに化学処理なしで栽培を始めていた人もいました。これ以上心強いことはありません。

　のちにわかるように、病気への耐性を高めるための素晴らしい取り組みは、すでに始まっていたのです。病気に強い変種の選定と、丈夫な土壌計画を実施することで、2014年に私が離職したときには、化学薬品の使用は96％削減されていました。

2006-14年にかけて筆者がキュレーターを務めたロックフェラー・ローズガーデン。

バラの交配に込められた意図

THE INTENT BEHIND MODERN ROSE HYBRIDIZING

「交配」とは、2つの異なる種あるいは変種を
かけ合わせて繁殖させ、新タイプを創り出すことを意味します。
私ピーターがバラの育種家だとしましょう。
ピンクのバラを作出したいと考えた私は、赤いバラと白いバラを交配させます。
あなたはこのピンクのバラを購入し、家に持ち帰って植え、
手塩にかけて大切に育てます。
けれどもその花には香りがなかったり、あれほど綺麗に咲いていたのに、
シーズンが終わる頃には病気になってしまったり、
ついには冬の間に死んでしまったりします。
文句を言われても、私はピンクのバラを作ったのであって、
それ以外のことについては何の保証もしていない、と答えるしかありません。

　次のシーズンが来て、カタログを開くとまた素敵なバラが目に入ります。そこであなたはまた購入して、植え、大切に育て、よいと思われることは片端から実行しますが、またしても同じ結果になってしまいます。2シーズンも続けて失敗すれば、自分はバラ栽培に向いていないのではないかと思えてくるでしょう。カタログに掲載されている美しいバラには、耐性、香り、丈夫さなどあらゆる利点が備わっていると思われがちです。けれども、ときにはピーターの失敗作のような残念な結果になってしまうこともあるのです。

　本書ではバラにまつわる物語を見てきましたが、化学薬品の使用についての言及は一度たりとも出てきませんでした。クレオパトラのバラに

殺菌剤は使われていませんでしたし、古代ギリシャの市場でも、バラやスミレの横で殺虫剤が売られたりはしていませんでした。3500万年以上にわたるバラの歴史に目を向ければ、この花に回復力が備わっており、現代の庭でもしっかりと育つ力があることは明らかです。こうした驚異的特性の一部は、現代人の介入により失われてしまいましたが、バラの女神の手が働いたおかげで、健やかで、病気に強く、香り高いバラを目指す取り組みが始まっています。

フロリバンダ・ローズ 'ラリッサ'は、春から秋まで咲き、病気への耐性がきわめて高い。

化学薬品に頼らずに病気の耐性を追求する

ドイツで交配を手がけるコルデス社がローズビジネスに参入したのは、1887年のことです。'アイスバーグ'（ドイツ語名：シュネーヴィッチェン Schneewittchen®）'クリムゾン・グローリー'（真紅の栄光）'ウェスターランド'（KORwest）は1950年代に作出され、人気を博しました。1990年代に入ると、ドイツ全域で化学薬品の使用が禁じられるようになり、関係者は大きなチャレンジに迫られます。コルデス社は健康で病気に強いバラの作出に取り組んでいますが、その原動力となったのが、試験場での殺菌剤使用を中止するという（政府主導の）決定でした。このため、栽培エリアでは黒斑病菌のリスクが高まり、ほぼすべての苗が葉を失ってしまいました。しかしコルデス社はわずかながらも健康な変種を見つけ、これがベースとなってバラ交配の新系統が生まれたのです。今日、これら新しいバラの多くが、ADR（ドイツのバラの評価試験、p245参照）での受賞歴があり、化学薬品に頼らなくても強くて頑健なバラが栽培できることを証明しています。

バック博士作出の 'クァイエットゥネス' は
頑健で美しく、香り豊か。

グリフィス・バック博士（1915-91年）はアイオ
ワ州立大学の園芸学教授で、丈夫なランドス
ケープローズ（公共空間用の強くて手入れの容
易なバラ）の交配に取り組みました。その結果、
彼の作出したバラは、寒さに強く手がかからな
いとして世界中に知られるようになります。彼は
アメリカの気候区分2b地域（寒冷地）で栽培で
きるような頑健なバラを作ろうと、ニールズ・ハン
セン博士（1866-1950年）からロサ・ラクサ 'セミ
パラティンスク' の挿し木用の切り枝を入手しまし
た。'セミパラティンスク' はキンナモメア節に属す
るシベリアの種です。コルデス社のバラも博士の
繁殖用個体の一つとして採用されました。タフ
で頑強なことでは、シベリアのバラの右に出るも
のはいません。

　育種家ウィル・ラドラーも、強い化学薬品は使
いたくないと考えていました。こうして生まれた
のが 'ノックアウト'（Knock Out®）で、数年前か
ら市場で売買されています。ノックアウトシリーズ
のバラは色彩が豊かで、丈夫で、メンテナンス
不要なため、今ではベストセラーの一つです。
母木は 'ケアフリー・ビューティー' 変種（US Plant
Pat. No. 4,225）の苗木で、'ケアフリー・ビュー
ティー' × 'ラズル・ダズル' です。タフなバラの作
出は、現在でも続いています。

　デビッド・オースチン・ロージズ株式会社のシュ
ラブ・ローズは、華麗で甘い香り。頑丈で美しく、
同社の評判を世界的に知らしめました。

　こうした様々な交配の成果は、各人の努力の
結実です。ピンクしか取り柄のないバラを作出し
たピーター、病気への耐性に集中したコルデス
社やラドラー、寒冷地でも丈夫に育つバラを生
み出したバック博士、そして美しく香り高い花を
作出したデビッド・オースチンまで、多くの人々の
貢献があるのです。

　自分のバラ園を造ろうと思ったら、そこに植え
るバラが生まれるまでの交配の努力を理解する
ことが大切です。化学薬品の利用を避けたい場
合は、病気に強いバラや、耐性を主眼に作出さ
れたバラを選ぶことがポイントになります。

より健やかなバラに向けた世界的な取り組み

GLOBAL CHANGES FOR HEALTHIER ROSES

バラの世界は変化を遂げ、現在では健康的なバラの栽培や、
ガーデニングでの化学薬品の削減に向けた取り組みが進んでいます。
こうした素晴らしい活動は行政主導の場合もあり、すでにドイツ、
ニューヨーク、カナダのオンタリオでは、化学薬品の使用が禁止されています。
この潮流は今後も続くと考えられ、毎年頑健な新品種が発表されるごとに、
化学薬品を使わないバラの栽培は確実に進歩しています。

「母なる自然と戦うのではなく、共に作業を進めていくことが肝心だ」

ブラッド・ジャルバート（1995年）

　現在、健康なバラ作りに向けてたくさんの人が作業を進めています。また消費者たちの意識を重視するバラ関連の大企業、根気よく熱心な小売業の方々、イージー・エレガンスローズを作出したピン・リムのような方々の努力は高い評価に値します。また上記のような信念をもって作業を進めるブラッド・ジャルバート、黒斑病などの病気への耐性についての知識の普及や、より頑健で病気に強いバラとの交配を進めるデビッド・ズレサックにも、この場を借りて敬意の念を表したいと思います。

『バラの活動家たち（*Rose Rustlers*）』という本は、田舎道や古びた墓地や農場で何十年も生き延びたオールドローズを探す人々についての話ですが、こうしたバラが頑健な遺伝子を持っていることは確かで、現代の消費者向けに市場に戻りつつあります。

また世界各地における認証や審査システムも重要で、とりわけドイツのADRは最高水準を誇る認証機関の一つであり、1997年以降は薬剤の使用を禁止しています。ADRで受賞したバラは、病気に強く、頑健で、美しく、生育習性が優れているのが特徴です。世界各地には、アメリカン・ローズ・トライアルズ・フォア・サステイナビリティ（A.R.T.S.®）やアース・カインド（Earth-Kind®）ローズ・フィールド・トライアルズといった多くの認証機関があり、その活動に大きな期待が寄せられています。未来の健やかなバラのために交配や作業を続ける方々に、心からの謝意を表したいと思います。

オールドローズが新しい

バラは私たちに粘り強さ、力強さ、美を示してくれています。母なる大地に導かれるままに、敬意をもってバラに接してみましょう。きっと、たくさんのことを学べるはずです。その意味で、インドの俳優ファルーク・シェイク（1948–2013年）の「私は生化学は嫌いだ。生化学はバラを扱わないから」との言葉は的を射ています。バラの育つこの世界は美に満ちています。もっともっとバラを植えて、その声に謙虚に耳を傾けましょう。

本書ではバラの生命力について学んできました。何百万年にもわたって生き延びてきたこと自体が未来への礎であり、その時を超えた性質は、どっしりとしていて安定感があります。「ローザ（バラ属）」は私たちの生活に（文字通り、そして象徴的にも）密着し、花瓶に活けられて、私たちの家や心の中で生き続けていくでしょう。「真摯に語ろうとする人なら、バラを通じて語る」の言葉通り……。

「彼はローナのバラを1輪摘んで、『ほら』と私の膝の上に置いた。
私は手に取って匂いを嗅いでみた。彼は私の肩をたたいて言った。
『わかるだろう？　バラに棘があっても、人は匂いを嗅いだり、
花瓶に入れてキッチンのテーブルの上に置いて、その横で仕事をしたりするのさ。
だってバラにはそれだけの価値があるんだから。
じゃなければ、ずいぶん損をするぞ』と」

チャールズ・マーティン『蛍を探して（*Chasing Fireflies: A Novel of Discovery*）』（2008年）より

あとがきに代えて：バラに歌を……

AFTERWORD:
PLANT A FEW SONGS
ABOUT ROSES...

未来のためにバラを植える

　もちろん、バラ以外の植物も大切です。私は樹木も大好きですし、地元の農家で作られる農産物も大好物です。ただ本書はバラについての本なので、バラを前面に出すまでのことです。バラはあらゆるものを回復させ、喜びや美のお手本となってくれます。私がよく言うのが、バラを知るには育てるのが一番の近道だということ。「バラ入門」などという机上の講座はないのです。ですから読者の皆さまには、ぜひバラを植えることをお勧めします。そうすれば、バラがいかに多様に私たちの生活に影響を及ぼすか、少しずつ実感できることでしょう。

持続のために植える

　私たちもバラを植えることで、感動と夢を与え、現在と未来の世代のためにバラの体験を紡いでいくことができます。アリストテレスの言葉を借りれば、バラの全体は部分の総和に勝る、ということになります（p8参照）。バラの物語は何百万年も前から大陸を超えて紡がれ、数多くの文化や人々に受け入れられてきました。あっという間に全面的に取り入れられることもあれば、ゆっくりと控えめに普及した場合もあります。けれどもその流れは決して止まることなく、今後も物語は続いていきます。その未来は明るく、華やかさ、粘り強さ、力強さを足がかりに発展していくことでしょう。

地球のためにバラを植える

2019年、設計を担当したカナダ、オンタリオの王立植物園のバラ園にいたところ、ジュリーという名の女性にいい匂いのするバラはどれかと聞かれました。ジュリーは私が教えたバラの匂いを確かめると、この発見に大喜びして、周りの人に「ほら、このバラの香りを嗅いでみて！」と言って回り、その喜びように誰もが一瞬にして彼女の友達になりました。私は彼女に、このバラ園を設計する際に重視したのはバランスだと説明しました。もちろん主役はバラなのですが、周囲には有用な昆虫を惹きつける植物を植えて、植物の成長を助け、招かれざる虫を近づけないようにしたのです。私たちが目指すのは、化学薬品や強力な化学肥料のない健康な土壌です。こうした環境では、有機物質だけを使用します。有機物質は、あらゆる植物を育む命の基礎である複雑な土壌システムに栄養をもたらします。

このバラ園のオープン以降、バラの茂みの近くではカメが卵を産みつけ、カエルも住みつきました。確かに予想外のことではありますが、このバラ園が機能していることを示す兆候でもあります。こうした健やかな未来に向けての取り組みは、より優しく、穏やかなバラ園へとつながります。無限の英知を秘めた母なる大地が、その力を発揮できるよう、私たちも協力していくことが必要です。まずはバラ園にバランスを取り入れることから始めてみましょう。

バラの記憶を植える

筆者のバラの最初の記憶は母方の祖母にさかのぼります。たくさんのことに秀でていた祖母は、ガーデニングの先生でもありました。祖父母の庭は、私にとっての聖域_{サンクチュアリ}であり、どんなときも私を受け入れてくれました。私はこのオアシスで、'ピース''トロピカーナ'、むせるような香りの'ミスター・リンカーン'など当時人気のモダンローズを知ることになるのです。

そのときは気がつかなったのですが、バラや祖父母の存在は私に安らぎを与え、気配りや忍耐や自然を愛する心を教えてくれました。祖父は朝食後に庭に出て、朝食べたバナナの皮をそれぞれのバラの近くに埋めていました。そうした姿は、優れた土壌作りや自然の肥料のための貴重なレッスンになりました。

'マイダス・タッチ'

　祖母エリザベスは亡くなる直前に、私にこう言いました。「黄色いバラが咲いたら、私が話しかけていると思ってちょうだい」。ある年、ちょうど祖母の命日に、この黄色いバラ 'マイダス・タッチ'（ミダスの手）が咲き、私は「おばあちゃん、こんにちは！」と話しかけました。祖母は黄色いバラが大好きでした。そのせいか、私もいつも黄色いバラを探し、ことあるごとに植えています。香りだけでなく、花自体も私たちを過去へと連れていってくれることがあるのです。

喜びのためにバラを植える

　この本を執筆している現在、コロナウィルスが世界中で大流行しています。2020年は誰にとっても忘れられない年になるでしょう。こうした惨状は世界中の人に衝撃を与え、日々悲しいニュースばかりが流されます。感染したニューヨークの舞台俳優ダニー・バーンスタインについての記事には、肺機能のリハビリ中の彼に看護師がかけた言葉が書かれています。

　　「『バラの匂いを嗅いでみて！』と彼女は言い、鼻から吸うように指示した。
　　　　次に『ロウソクを吹き消して』と言って、口から息を吐くように指導した」

ハリウッド・リポーター誌、2020年4月13日付の記事より

　こんな瞬間にこそ、私の脳裏にはバラやバラの表す喜び、命、美などが浮かぶのです。

教育学者レオ・バスカリア（1924-98年）は、私に大きな影響を与えました。彼の著書『"自分らしさ"を愛せますか』には、家族を亡くして悲しむ隣人のもとに、チョコレートケーキを持っていったときのことが書かれています。この箇所にバラを加えて、少しアレンジしてみましょう。

　　　「どんなことがあっても、
　　　　　　ちょうどこのケーキのように、世界はそれでも美しい。
　　　　　この完璧なチョコレートケーキのひとかけのように、
　　　　　　　　バラはこの世界の豊かさの一部なのだ」

レオ・バスカリア（1982年）

　私がペギー・ロックフェラー・ローズガーデンでキュレーターをしていた頃、毎日のように子どもたちが園にやってきました。中にはバラを見るのも匂いを嗅ぐのも初めてという子も。きっとその瞬間、その子の人生に何がしかの変化が起こったはずです。

学ぶためにバラを植える

　締めくくりに、バラに寄せた詩を引用しましょう。

　　　「毎年夏になると
　　　　　すべてのバラが花開く（中略）
　　　　喜びに満ちあふれ
　　　　　生を全うするために
　　　　　　これ以上の教えなどない
　　　　かつても、これからも」

メアリー・オリヴァー『渇き（*Thirst*）』から
『美術館を訪れる詩人
（*The Poet Visits the Museum of Fine Arts*）』より（2006年）

筆者に寄せて
'ピーターズ・ジョイ'と
命名されたバラ

BIBLIOGRAPHY 参考文献

Andersen, Hans Christian. Translated by Jean P. Hersholt. *Hans Christian Andersen's Complete Fairy Tales.* San Diego: Canterbury Classics, Printers Row Publishing, 2014.
アンデルセン『イーダちゃんの花』は以下に所収：『完訳アンデルセン童話集 1』大畑末吉訳、岩波書店、1984年他
『バラの花の精』：『完訳アンデルセン童話集 2』大畑末吉訳、岩波書店、1984年他
『野の白鳥』：『完訳アンデルセン童話集 1』
『世界一の美しいバラの花』：『完訳アンデルセン童話集 3』大畑末吉訳、岩波書店、1984年他

Austin, David. *The English Roses.* London: Conran, 2017.
デビッド・オースチン『新イングリッシュローズ』中谷友紀子訳、ガイアブックス、2012年

Austin, David. *The Rose.* London: Garden Art Press, 1998.

Beales, Peter. *Passion for Roses.* New York: Rizzoli Publishers, 2004.

Becker, Herman F. "The Fossil Record of the Genus Rosa." *Bulletin of the Torrey Botanical Club.* Vol. 90, No. 2, March-April 1963, (pp. 99-110).

Beveridge, Henry, ed. Translated by Alexander Rogers. *The Tuzuk-i-Jahangiri: Memoirs of Jahangir.* Pakistan: Sang-e-Meel Publications, 2001.

Blake, William. *The Complete Poems.* Alicia Ostriker, ed. London: Penguin, 1977.
ウィリアム・ブレイク『病気のバラ』：『ブレイク全著作』所収、梅津済美訳、名古屋大学出版会、1989年

Brown, Jane. *The Pursuit of Paradise: A Social History of Gardens and Gardening.* London: Harper Collins, 2000.

Bulwer Lytton, Sir Edward. *The Last Days of Pompeii.* London: Richard Bentley Publisher, 1834.
エドワード・ブルワー=リットン『ポンペイ最後の日(百万人の世界文学第3)』堀田正亮訳、三笠書房、1953他

Burns, Robert. *The Complete Poems and Songs of Robert Burns.* Aberdeen: Waverley Press, 2011.
ロバート・バーンズ『真っ赤な真っ赤なバラ』：『ロバート・バーンズ詩集』所収、ロバート・バーンズ研究会編訳、国文社、2002年

Burton, Sir Richard Francis, trans. *The Kama Sutra of Vatsyayana.* New York: Modern Library, 2002.
ヴァーツヤーヤナ『完訳カーマ・スートラ』岩本裕訳、平凡社東洋文庫、1998年他

Calkin, Robert. "The Fragrance of Old Roses." Historicroses.org., 1999.

Calkin, Robert, and Stephan Jellinek. *Perfumery: Practice and Principles.* Hoboken: John Wiley & Sons, Inc., 1994.
ロバート・R.カルキン、J.シュテファン・イェリネック『香りの創造：調香技術の理論と実際』狩野博美訳、フレグランスジャーナル社、1996年

Cameron, Mark. "A General Study of Minoan Frescoes with Particular Reference to Unpublished Wall Paintings from Knossos." Dissertation University of Newcastle upon Tyne, UK, 1974.

Campion, Thomas. *The Works of Thomas Campion: Complete Songs, Masques, and Treatises with a Selection of the Latin Verse.* Walter R. Davis and J. Max Patrick, eds. New York: W. W. Norton, 1970.

Coleridge, Samuel. William Keach, ed. *The Complete Poems of Samuel Taylor Coleridge.* London: Penguin, 1997.

Cruz, Juana Inés de la, et al. *Sor Juana Inés de la Cruz: Selected Works.* New York: W. W. Norton, 2016.

Day, Sonia. *The Untamed Garden: A Revealing Look at Our Love Affair with Plants.* Ontario: McClelland & Stewart, 2011.

Dey, S. C. *Fragrant Flowers for Homes and Gardens, Trade and Industry.* India: Abhinav Publications, 1996.

Downing, A. J., ed. *The Horticulturist and Journal of Rural Art and Rural Taste,* Vol II. New York: Luther Tucker, 1847-1848.

Eco, Umberto. *The Name of the Rose.* London: Vintage Classics, 2004.
ウンベルト・エーコ『薔薇の名前(上下)』河島英昭訳、東京創元社、1990年
ウンベルト・エーコ『『バラの名前』覚書』谷口勇訳、而立書房、1994年

Elliott, Brent. *RHS The Rose.* London: Welbeck Publishing, 2020.
ブレント・エリオット『(図説)バラの博物百科』内田智穂子訳、原書房、2020年

Faulkner, William. *Collected Stories.* London: Vintage Classics, 2009.
ウィリアム・フォークナー『エミリーに薔薇を』高橋正雄訳、福武書店、1988年

Forbes, Robert J. *A Short History of the Art of Distillation.* Netherlands: Brill Publishing, 1970.

Fox, Rev. Matthew, and Lama Tsomo. *The Lotus & the Rose.* Montana: Namchak Publishing, 2018.

Freeman, Mara. *Grail Alchemy: Initiation in the Celtic Mystery Tradition.* New York: Destiny Books, 2014.

Geary, Patrick J., ed. *Readings in Medieval History.* Toronto: University of Toronto Press, 2015.

Gerard, John. *The Herbal or General History of Plants: The Complete 1633 Edition as Revised and Enlarged by Thomas Johnson Calla.* New York: Dover Publications, 2015.

Gordon, Jean. *Pageant of the Rose.* New York: Studio Publications, Inc. 1953.

Griffiths, Trevor. *The Book of Classic Old Roses.* London: Michael Joseph, 1988.

Grimm, Brothers. *The Complete Fairy Tales.* New York: Vintage Classics, 2007.
グリム兄弟『グリム童話集(全4巻)』吉原高志、吉原素子訳、白水社、1997年他

Harkness, Peter. *The Rose: An Illustrated History.* RHS. London: Firefly Books, 2003.

Heilmeyer, Marina. *The Language of Flowers: Symbols and Myths.* London: Prestel, 2006.

Henshaw, Victoria. *Urban Smellscapes: Understanding and Designing City Smell Environments.* New York: Routledge, 2013.

Hobhouse, Penelope. *The Story of Gardening.* London: Pavilion Books, 2019.
ペネロピ・ホブハウス『世界の庭園歴史図鑑』上原ゆうこ訳、原書房、2014年

Iles, Linda. "The Isis Rose." rosamondpress.com/2012/10/06/the-isis-rose

Jackson, Shirley. "The Possibility of Evil," *Saturday Evening Post,* December 18, 1965.
シャーリイ・ジャクスン『悪の可能性』：『なんでもない一日：シャーリイ・ジャクスン短編集』所収、市田泉訳、東京創元社、2015年他

Jashemski, Wilhelmina F., et al., eds. *Gardens of the Roman Empire.* Cambridge: Cambridge University Press, 2017.

Johnston, William M. *Encyclopedia of Monasticism.* New York: Routledge, 2015.

Keats, John. *John Keats: The Complete Poems.* London: Penguin, 1977.

Khan, Hazrat Inayat. *The Way of Illumination.* India: Motilal Banarsidass Publishers, 2011.

Kukielski, Peter E. *Roses Without Chemicals.* Portland: Timber Press, 2015.

Landsberg, Sylvia. *The Medieval Garden.* Toronto: University of Toronto Press, 2004.

Lane Fox, Robin. *Alexander the Great.* New York: Penguin, 2004.
ロビン・レイン・フォックス『アレクサンドロス大王(上下)』森夏樹訳、青土社、2001年

Leffingwell, John C. *Rose (Rosa damascena).* Leffingwell & Assoc. Leffingwell.com/rose

Lovelace, Richard. *Poems of Richard Lovelace.* C. H. Wilkinson, ed. Oxford: Oxford University Press, 1953.

MacDougall, Elizabeth. *Medieval Gardens: History of Landscape Architecture Colloquium:* v. 9. Washington, D.C.: Dumbarton Oaks Research Library and Collection, 1986.

Macoboy, Stirling. *The Ultimate Rose Book.* New York: Harry N. Abrams, Inc. Publishers, 1993.

Moldenke, Harold N. *Medieval Flowers of the Madonna.* Ohio: University of Dayton, 1953.

Moore, Thomas. *A selection of Irish melodies with symphonies and accompaniments by Sir John Stevenson Mus. Doc; and characteristic words by Thomas Moore Esq.* Fifth number. London: Addison & Hodson, 1845.

Moore, Thomas. *The Poetical Works of Thomas Moore.* London: Bliss Sands & Co., 1897.
トマス・ムーア『夏の夜残のばら』：『イギリス抒情詩集』所収(『名残の薔薇』)、福原麟太郎、石井正之助訳、河出書房、1951年他

Newman, John Henry. *Meditations and Devotions.* Orleans: Paraclete Press, 2010.
ジョン・ヘンリー・ニューマン『ニューマン枢機卿の黙想と祈り』長倉禮子訳、知泉書館、2013年

Olcott, Frances Jenkins. *The Wonder Garden.* London: Pook Press, 2013.

Oliver, Mary. *Thirst.* Boston: Beacon Press, 2006.

Oppenheim, James. "Bread and Roses," *American Magazine*, December 1911.

Parsons, Samuel Browne. *The Rose: Its History, Poetry, Culture, and Classification.* New York: Wiley & Putnum, 1847.

Parsons, Samuel Browne. *Parsons on the Rose.* New York: Earl M. Coleman Enterprises, 1979.

Phillips, Roger and Martyn Kix. *The Quest for the Rose.* New York: Random House Inc., 1993.

Piesse, George William Septimus. *The Art of Perfumery: And Method of Obtaining the Odors of Plants.* Michigan: University of Michigan Library, 2004.

Plutarch. Translated and edited by J. Dryden and A. H. Clough. *Greek and Roman Lives.* New York: Dover Publications, 2005.
『プルターク英雄伝(12巻)』河野与一訳、岩波書店、1952-56年

Potter, Jennifer. *The Rose, A True History.* London: Atlantic Books, 2010.

Potter, Jennifer. *Seven Flowers and How They Shaped Our World.* London: Atlantic Books, 2013.

Preston, Diana. *Taj Mahal: Passion and Genius at the Heart of the Moghul Empire.* New York: Walker & Company, 2008.

Reinarz, Jonathan. *Past Scents: Historical Perspective on Smell.* Illinois: University of Illinois Press, 2014.

Rumi. Translated and edited by Andrew Harvey. *Call to Love: In the Rose Garden with Rumi.* New York: Sterling Publishing, 2007.

Saint-Exupéry, Antoine de. Translated by Richard Howard. *The Little Prince.* New York: Houghton Mifflin Harcourt Publishing, 2000.
アントワーヌ・サン=テグジュベリ『星の王子さま』河野万里子訳、新潮社、2006年他

Sawer, John Charles. *Rhodologia: A Discourse on Roses, and the Odor of Rose.* Mishawaka: Palala Press, 2018.

Schieberle, Peter and Luigi Poisson. "Characterization of the Key Aroma Compounds in an American Bourbon Whisky by Quantitative Measurements, Aroma Recombination, and Omission Studies." *Journal of Agricultural and Food Chemistry.* Vol. 56, No. 14, 2008 (pp. 5820–826).

Scott, Walter. *Anne of Geierstein: or, The Maiden of the Mist.* Edinburgh: Cadell and Co., 1829.

Semple, Ellen Churchill. "Ancient Mediterranean Pleasure Gardens." *Geographical Review.* Vol. 19, No. 3, July 1929 (pp. 420–43).

Shabistari, Mahmud. *The Secret Rose Garden.* Michigan: Phanes Press, 2002.

Shakespeare, William. Stanley Wells, Gary Taylor, John Jowett, and William Montgomery, eds. *The Complete Works: The Oxford Shakespeare.* Oxford: Oxford University Press, 2005.

Shakespeare, William. Jonathan Bate and Eric Rasmussen, eds. *The RSC Shakespeare: The Complete Plays.* London: Palgrave Macmillan, 2007.
ウィリアム・シェイクスピアの諸作品は以下の通り：
『ソネット集』高松 雄一訳、岩波書店、1986年他
『ヘンリー六世』小田島雄志訳、白水社、1983年他
『から騒ぎ』喜志哲雄訳 岩波文庫 2020年他

『リチャード2世』：『シェイクスピア全集26』所収、松岡和子訳、ちくま文庫 2015年他
『ハムレット』野島秀勝訳、岩波文庫、2002年他
『アントニーとクレオパトラ』松岡和子訳、ちくま文庫、2011年他
『ロミオとジュリエット』中野好夫訳、新潮社、1996年他
『夏の夜の夢』松岡和子訳、ちくま文庫、1997年

Shelley, Percy Bysshe. Zachary Leader and Michael O'Neill, eds. *The Major Works.* Oxford: Oxford University Press, 2009.
パーシー・ビッシュ・シェリー『音楽、優しい声が死んだとき』：『シェリー詩集』所収、佐藤清訳、アポロン社、1962年

Shiner, Larry. *Art Scents: Exploring the Aesthetics of Smell and the Olfactory Arts.* Oxford: Oxford University Press, 2020.

Smith, Amanda. *The Modern Science of Smell.* ABC.net.au, 2014.

Smith, William, ed. *Dictionary of Greek and Roman Geography.* Boston: Little, Brown, and Company, 1870.

Stein, Gertrude. *Geography and Plays.* Boston: Four Seas Co., 1922.
ガートルード・スタイン『聖なるエミリー』：『地理と戯曲抄』所収、金関寿夫他訳、書肆山田、1992年

Su, Tao, et al. "A Miocene Leaf Fossil Record of *Rosa* (*R. fortuita* n. sp.) from its Modern Diversity enter in SW China." *Palaeoworld*, 25, 2015, (pp. 104–115).

Theophrastus. Translated by Sir Arthur Hort. *Theophrastus: Enquiry Into Plants and Minor Works on Odours and Weather Signs (Books 1–5, Books 6–9).* Cambridge, Mass.: Harvard University Press, 1916.
テオプラストス『植物誌(1-2巻)』小川洋子訳、京都大学学術出版会、2008年–

Thompson, Dorothy B. and Ralph E. Griswold. *Garden Lore of Ancient Athens.* Oxford: Oxbow Books, 2013.

Todd, Helen. "Getting out the Vote: An Account of a Week's Automobile Campaign by Women Suffragists," *American Magazine*, September 1911.

Toynbee. J. M. C. *Death and Burial in the Roman World.* Baltimore: Johns Hopkins University Press, 1996.

Tucker, Arthur O. "Identification of the Rose, Sage, Iris, and Lily in the 'Blue Bird Fresco' from Knossos, Crete (ca. 1450 BCE)." *Economic Botany.* Vol. 58, No. 4, 2004 (pp. 733–36).

Urbani, Peter. *A Selection of Scots Songs, Vol. 1: Harmonized Improved With Simple, and Adapted Graces, Most Respectfully Dedicated to the Right Honourable the Countess of Balcarres.* London: Forgotten Books, 2018.

Villeneuve, Gabrielle-Suzanne Barbot de. Translated by J. R. Planché. *Madame de Villeneuve's Original Beauty and the Beast.* London: Pook Press, 2017.
ガブリエル=シュザンヌ・ヴィルヌーヴ『美女と野獣 オリジナル版』藤ană真実訳、白水社、2016年
ボーモン夫人版、村松潔訳 新潮文庫 2017年

Voragine, Jacobus de. Richard Hamer, ed. *The Golden Legend: Selections.* London: Penguin, 1998.
ヤコブス・デ・ウォラギネ『黄金伝説(全4巻)』前田敬作、今村孝訳、平凡社、2006年他

Webster, Richard. *Magical Symbols of Love & Romance.* Minnesota: Llewellyn Publications, 2007.

Williams, Henry T., ed. *The Horticulturist and Journal of Rural Art and Rural Taste.* New York: Henry T. Williams for the Library of the New York Botanical Garden, 1873.

Winston-Allen, Anne. *Stories of the Rose: The Making of the Rosary in the Middle Ages.*

Pennsylvania: Pennsylvania State University Press, 1997.

Wordsworth, William. Stephen Gill, ed. *The Major Works.* Oxford: Oxford University Press, 2008.
ウィリアム・ワーズワース『霊魂不滅のうた』所収(『頌』)、前川俊一訳、弥生書房、1947年

【その他本書で紹介されている書籍の邦訳】

『ギルガメシュ叙事詩』月本昭男訳、岩波書店、1996年

『チャラカ・サンヒター』：『チャラカ本集 総論篇-インド伝承医学』所収、日本アーユルヴェーダ学会訳、せせらぎ出版、2011年他

ギヨーム・ド・ロリス、ジャン・ド・マン『薔薇物語』見目誠訳、未知谷、1995年他

アヴィセンナ『医学典範』檜學、新家博、檜垣昭訳、第三書館、2010年

アエリウス・スパルティアヌス他『ローマ皇帝群像(西洋古典叢書)』桑山由文、井上文則、南川高志訳、京都大学学術出版会、2004-14年

ウェルギリウス『牧歌／農耕詩〈西洋古典叢書〉』小川正廣訳、京都大学学術出版会、2004年他

サアディ『薔薇園(ゴレスターン)』黒柳恒男訳、大学書林、1985年他

サッポー『アプロディテへの讃歌』沓掛良彦『サッフォー詩と生涯』所収、平凡社、1988年他

サッポー『薔薇の歌』『サッフォ名詩選』所収、尾関岩二訳、八光社、1923年他

ジョセフ・ジェイコブス『イギリス昔話集』坂井晴彦解説注釈、研究社、1971年

ダンテ『神曲 天国篇』平川祐弘訳、河出書房新社、2009年他

コンスエロ・ド・サン＝テグジュペリ『バラの回想 夫サン＝テグジュペリとの14年』香川由利子訳、文藝春秋、2000年他

オマル・ハイヤーム『ルバイヤート』小川亮作訳、岩波書店、1979年他

レオ・バスカリア『"自分らしさ"を愛せますか』草柳大蔵訳、三笠書房、1983年

プリニウス『プリニウスの博物誌(全3巻)』中野定雄、中野里美、中野美代訳、雄山閣出版、1986年他

マルセル・プルースト『失われた時を求めて(全14巻)』吉川一義訳、岩波文庫、2010-2019年

ホメロス『アルキノウスの宮殿』丸川仁夫『ホメロス物語ギリシヤ戦記』所収、新生堂、1938年他

ホメロス『オデュッセイア(上下)』松平千秋訳、岩波書店、1994年他

ホメロス『完訳イリアス』小野塚友吉訳、風濤社、2004年他

ホラティウス『ホラティウス全集』鈴木一郎訳、玉川大学出版部、2001年他

ルキウス・アプレイウス『変容』：アープレーイユス『黄金の驢馬』呉茂一、國原吉之助訳、岩波書店、2013年

ピエール=ジョゼフ・ルドゥーテ『美花選』河出書房新社、2010年

ルーミー『精神的マスナヴィー』：『世界文学大系 第68(アラビア・ペルシア集)』所収、蒲生礼一他訳、筑摩書房、1964年

ロンゴス『ダフニスとクロエー』松平千秋訳、岩波文庫、1987年

小セネカ『自然研究 自然現象と道徳生活』茂手木元蔵訳、東海大学出版会、1993年

【その他参考にした日本語書籍】

オード・ゴエミンヌ『世界一よくわかる！ギリシャ神話キャラクター事典』松村 一男監修、ダコスタ吉村花子訳、グラフィック社、2020年

ガブリエル・ターギット『図説花と庭園の文化史事典』遠山茂樹訳、八坂書店、2014年

キャサリン・ホーウッド『バラの文化誌(花と木の図書館)』駒木令訳、原書房、2021年

『世界遺産ポンペイ展 ポンペイとポンペイに暮らす人びとカタログ、朝日新聞社、2001年

本書中の聖書の引用は、日本聖書協会、1978年版から

INDEX 索引

謝辞

　すべてを理解するには幼かった私に、バラについて、そしてバラが教えてくれるあらゆることについて、優しく指南してくれた祖母ヘレンに本書をささげます。

ここまで私を導いてくださったすべての方、すべてのものに感謝をささげます。

本書の完成までの各段階でお力を貸してくださったすべての方に感謝をささげます。特にブライト・プレス社のソレル、アビー、ジャキー、編集を担当してくださったベス、美しいデザインを手がけてくださったジェーン・ラナウェイ、多くのヒントをくださったイェールのジェーン、惜しみない手助けをしてくださったチャールズ・フィリップス、親切なアドバイスをくださったゲイとアレックス、そしてどんなときも惜しみない好意を示してくださったケイト・ダッフィーへ！

　つねにサポートしてくださり、私のバラ園を熱心に支持してくださる大切な友人たちに感謝をささげます。

　そして誰よりも、私を愛で包んでくれ、私が好きなことに取り組めるようサポートしてくれる大切な夫ドリュー・ホッジスに感謝をささげます。

ピーター・E. クキエルスキー

監修者よりあとがき

　バラは、バラ科バラ属の植物でありながら、時に植物という枠に留まらず、人々の心と共にこの世に存在します。さまざまな時代を表し、さまざまな象徴性を背負い、さまざまな運命を辿ったバラの物語は、はるか昔から始まり、現在、そして未来に続く、永遠の物語でもあります。

　そのバラの物語の途中に、このような素晴らしいピーター・E. クキエルスキー氏のご著書が完成し、今回、日本の皆様にご紹介させていただく一役を担う機会をいただきましたことを、心より感謝申し上げます。

　本書では、バラの歴史と文化を紐解く上で重要かつ貴重な写真や図、絵画、資料等が豊富に掲載されています。そして今まで断片的に伝わっていた事柄が、本書によって繋がり、より世界中のバラの歴史と文化の奥深さをご理解いただけることと確信いたします。

　本書が、皆様方が紡いでいかれるバラとの物語のお役にたちますよう、祈りを込めて。

日本ローズライフコーディネーター協会
代表　元木はるみ

Picture Credits

Image credits

著者プロフィール

ピーター・E. クキエルスキー

ガーデンデザイナー。園芸家として高く評価され、2006
年から14年まで、多数の受賞経験のあるニューヨーク
植物園のペギー・ロックフェラー・ローズガーデンのキュ
レーターを務める。

チャールズ・フィリップス

著述家。『中世の城(The Medieval Castle)』(2018年)
を含む35冊以上の著作がある。

監修者プロフィール

元木はるみ

バラの文化と育成方法研究家。日本ローズライフコー
ディネーター協会代表。バラ歴30年。バラの歴史や文
化、暮らしに活用する方法を、カルチャースクールやイ
ベントをはじめ、さまざまなメディアで紹介している。近
著に『アフターガーデンを楽しむバラ庭づくり』(家の光
協会)、『ときめく薔薇図鑑』(山と渓谷社)、『ちいさな
手のひら事典バラ』(監修、グラフィック社) など。

バラの物語 いにしえから続く花の女王の運命

2022年1月25日 初版第1刷発行

著者	ピーター・E. クキエルスキー(© Peter E. Kukielski) チャールズ・フィリップス (© Charles Phillips)
発行者	長瀬 聡
発行所	株式会社グラフィック社 102-0073 東京都千代田区九段北1-14-17 Phone:03-3263-4318 Fax:03-3263-5297 http://www.graphicsha.co.jp 振替:00130-6-114345

制作スタッフ
監修:元木はるみ
翻訳:ダコスタ吉村花子
組版・カバーデザイン:杉本瑠美
編集:笹島由紀子
制作・進行:南條涼子 (グラフィック社)

ISBN978-4-7661-3559-6 C0076
Printed in Singapore